Los romanos

Una guía fascinante sobre las personas, los emperadores, los soldados y los gladiadores de la antigua Roma, desde la República romana y el Imperio romano hasta el Imperio bizantino

© Copyright 2021

Todos los derechos reservados. Ninguna parte de este libro puede ser reproducida de ninguna forma sin el permiso escrito del autor. Los revisores pueden citar breves pasajes en las reseñas.

Descargo de responsabilidad: Ninguna parte de esta publicación puede ser reproducida o transmitida de ninguna forma o por ningún medio, mecánico o electrónico, incluyendo fotocopias o grabaciones, o por ningún sistema de almacenamiento y recuperación de información, o transmitida por correo electrónico sin permiso escrito del editor.

Si bien se ha hecho todo lo posible por verificar la información proporcionada en esta publicación, ni el autor ni el editor asumen responsabilidad alguna por los errores, omisiones o interpretaciones contrarias al tema aquí tratado.

Este libro es solo para fines de entretenimiento. Las opiniones expresadas son únicamente las del autor y no deben tomarse como instrucciones u órdenes de expertos. El lector es responsable de sus propias acciones.

La adhesión a todas las leyes y regulaciones aplicables, incluyendo las leyes internacionales, federales, estatales y locales que rigen la concesión de licencias profesionales, las prácticas comerciales, la publicidad y todos los demás aspectos de la realización de negocios en los EE. UU., Canadá, Reino Unido o cualquier otra jurisdicción es responsabilidad exclusiva del comprador o del lector.

Ni el autor ni el editor asumen responsabilidad alguna en nombre del comprador o lector de estos materiales. Cualquier desaire percibido de cualquier individuo u organización es puramente involuntario.

Índice

INTRODUCCIÓN: EL MAYOR ESPECTÁCULO DEL MUNDO 1
CAPÍTULO 1 - LOS REYES EN LA ENCRUCIJADA..4
CAPÍTULO 2 - NUEVOS CIUDADANOS Y VIEJOS DIOSES 12
CAPÍTULO 3 - LA TOMA DEL BARRIO 20
CAPÍTULO 4 - LANZANDO LOS BARCOS A LA GLORIA 29
CAPÍTULO 5 - ROMA CONTRA ROMA EN UNA ÉPOCA DE SANGRE...39
CAPÍTULO 6 - EL PODER Y EL EXCESO EN EL PALACIO 49
CAPÍTULO 7 - EL GOBIERNO DE LOS SOLDADOS Y LOS ASESINOS 62
CAPÍTULO 8 - RETIRADA Y OPCIONES DE REAFIRMACIÓN.................70
CAPÍTULO 9 – LOS BÁRBAROS A LAS PUERTAS 79
CAPÍTULO 10 - DESCENSO AL PUNTO DE DESAPARICIÓN 89
CAPÍTULO 11 - EL PUEBLO DE ROMA 96
CAPÍTULO 12 - LOS GLADIADORES: CUANDO EL ASESINATO ERA UN ENTRETENIMIENTO 102
CAPÍTULO 13 - CARRETERAS: LEGIONES EN MOVIMIENTO Y CARTAS IMPERIALES 107
CAPÍTULO 14 - ROMA URBANA: LA GESTIÓN DE LA MAYOR CIUDAD DEL MUNDO..112
CONCLUSIÓN...117
VEA MÁS LIBROS ESCRITOS POR CAPTIVATING HISTORY 120
RECURSOS...121

Introducción: El mayor espectáculo del mundo

Roma siempre tuvo potencial.

La gente vivía allí en la Edad de Bronce, cuando no era más que un conjunto de cabañas enclavadas en pequeñas colinas cerca de un punto de paso natural sobre el río Tíber. Los fragmentos de sus vasijas y algunos restos de tumbas y cabañas de barro nos dicen que estos primeros romanos eran familias de agricultores.

Durante siglos, su lugar no fue más que eso. Pero fue tal vez debido a la frontera de dos grupos crecientes de gente cada vez más sofisticada y ambiciosa —los etruscos al norte y los latinos al sur— que unas décadas antes del año 700 a. C., los asentamientos dispersos se formaron en uno solo, se organizaron, fueron capaces de utilizar pequeñas colinas como defensas naturales y se desarrollaron culturalmente. En los siguientes 250 años, Roma se hizo poderosa a costa de sus dos vecinos.

Los arqueólogos siguen tratando de descubrir las razones exactas de esta evolución. Pero aunque ellos no están seguros, las leyendas sí lo están. Esas historias dicen que Roma comenzó cuando una loba se topó con una cesta de madera que había flotado hasta detenerse al borde del Tíber. Olfateó un bulto que había dentro. Se movía. Dos bebés gemelos humanos estaban envueltos juntos, temblando y asustados. La loba sacó con cuidado a la pareja y les ayudó a mamar de su ubre llena. Un pájaro carpintero bajó volando y ayudó. Los niños sobrevivieron, y la loba y el pájaro siguieron cuidando de ellos hasta que un pobre pastor descubrió a los niños y acogió a Rómulo y Remo en su casa como hijos adoptivos. Al convertirse en jóvenes, Rómulo asesinó a su hermano, fundó una ciudad en el lugar donde la loba los había encontrado, la llamó Roma, proporcionó esposas a sus seguidores en una famosa incursión militar, y el resto es historia.

Eso es fantasía, pero sin duda, el cruce era un buen lugar para vivir. Era un lugar natural para fundar una ciudad. Los viajeros preferían cruzar el Tíber en Roma porque había una isla que facilitaba la travesía, aunque también podían ser registrados y gravados. La franja de lagunas y tierras pantanosas que había entre ella y la costa, a veinte kilómetros de distancia, servía de amortiguador de cualquier ataque sorpresa desde el mar y, al mismo tiempo, proporcionaba un cómodo acceso a los barcos de los mercaderes extranjeros del Mediterráneo oriental que venían en son de paz.

A partir de aquí, podemos seguir la arrolladora historia de la expansión y los logros de Roma en tres periodos, comenzando alrededor del año 750 a. C., sin ningún lobo ni pájaro carpintero.

Las primeras familias de agricultores se unieron bajo una serie de reyes, que sentaron las bases políticas y sociales de la ciudad a lo largo de ese recodo del Tíber. Luego, en el año 507 a. C., la monarquía fue sustituida por una república más pública, que financió y apoyó a los ejércitos romanos que salieron del valle del Tíber, llegando a apoderarse de toda Europa occidental y de toda la cuenca mediterránea. Finalmente, la república de corte democrático fue apartada en el año 27 a. C., y una serie de autócratas y dictadores gobernaron como emperadores, inicialmente desde Roma, pero también en otras ciudades, hasta que el imperio desapareció finalmente en 1453 d. C.

Es un lapso enorme de unos dos mil años. En el camino, estos romanos desarrollaron un sistema legal asombroso, establecieron una organización militar extremadamente efectiva, administraron vastas áreas con precisión y eficiencia, y produjeron maravillas de ingeniería y literatura. Al mismo tiempo, llevaron la esclavitud y el libertinaje público a niveles increíbles.

Hay mucho que hablar de cada punto del camino. Empecemos por el reino.

Capítulo 1 - Los reyes en la encrucijada

No se conservan registros escritos fiables de los aproximadamente doscientos años que duró el reino romano. Sin embargo, los registros arqueológicos dejan claro que algo cambió en el cruce del río a partir del año 700 a. C.

Livio, el conocido historiador romano (59 a. C.-17 d. C.), trata de ser útil. Escribiendo siglos más tarde, data la fundación el 21 de abril del 753 a. C., para que encaje perfectamente con la historia de Rómulo y Remo. Hoy en día, los historiadores se muestran escépticos.

Podemos decir que, más o menos en esa época, se formó una ciudad en lugar de esos grupos familiares dispersos. Las chozas de barro fueron sustituidas por edificios de piedra con tejados de tejas. Se levantaron muros para proteger el pueblo. Poco a poco, las casas más grandes añadieron atrios, patios y jardines. En algunos edificios aparecieron estatuas decoradas y adornos de terracota. Las calles estaban pavimentadas. El agua se recogía y almacenaba en depósitos públicos de piedra. La gente enterraba ahora a sus muertos en cementerios comunales y, si la familia era rica, sus tumbas estaban en la superficie.

Tanta organización solo podría haber ocurrido si los jefes de familia se hubieran unificado o hubieran sido sustituidos (quizá lentamente) por élites y líderes capaces de cobrar impuestos a las familias campesinas y organizar el creciente asentamiento. Estos hombres fueron enterrados con armadura y armas. Tradicionalmente, los hemos llamado "reyes". No hay pruebas fehacientes de cuántos eran y qué autoridad tenían, especialmente durante las primeras décadas del reino. Sin embargo, podemos estar bastante seguros de que este liderazgo y gobierno era algún tipo de monarquía porque hay vestigios de realeza en los primeros años del segundo periodo de Roma, la república. Por ejemplo, se ha encontrado en el Foro Romano una antigua inscripción que data de los años de la república y que contiene la palabra "rey", lo que sugiere que hubo un rey antes de que se estableciera la república. También se han descubierto en el Foro restos de un edificio religioso llamado Casa Real, del que podría decirse que sustituyó al palacio de un rey anterior a la república.

No está claro cómo llegó un rey al trono. Pero, de nuevo, existen algunas pistas en los primeros años de la república, justo después de la sustitución de los monarcas. En esos años iniciales de la república, los líderes eran aprobados por asambleas de hombres de Roma. No es exagerado suponer que este sistema republicano era una herencia natural de la forma en que Roma había sido gobernada bajo los reyes apenas unos años antes, ya que parece que los soberanos cogobernaban con grupos de ciudadanos formalmente organizados. Las tradiciones y la arqueología muestran que los reyes eran aprobados por grupos de jefes de familia o clanes, o tal vez incluso por unidades del ejército. La monarquía no era hereditaria.

El rey ejercía un poder considerable. Por ejemplo, también era el principal augur de la ciudad, que determinaba la voluntad de los dioses observando a los pájaros y a los animales y observando los truenos y los relámpagos a la hora de tomar decisiones y en las ocasiones importantes del estado. Había otros augures, pero el rey era el principal mediador entre el pueblo y los dioses de Roma. Se le llamaba el "constructor de puentes", y debía impresionar a sus súbditos. Además, dirigía las ceremonias religiosas en esta ciudad tan religiosa y nombraba a los sacerdotes. Los reyes también seleccionaban a los funcionarios públicos, lo que le daba control y acceso a la información.

Entre ellos y sus funcionarios, los reyes romanos realizaron importantes obras públicas en una época en la que las ciudades eran un concepto relativamente nuevo en esa parte del mundo. En el año 650 a. C. se construyó una gran plaza pública y, veinticinco años más tarde, se levantaron a su alrededor impresionantes edificios comunitarios. Un llamativo templo se completó en las cercanías en torno al año 550 a. C. o incluso un poco antes.

Los etruscos, al norte, llevaban tiempo construyendo en piedra y, sin duda, se inspiraron y tal vez aconsejaron y construyeron algunos de ellos en Roma. Pero sea como sea, esto fue pionero. Roma se estaba transformando física y filosóficamente en un verdadero asentamiento urbano, con un continuo auge constructivo dirigido por reyes dominantes asistidos por asambleas de hombres de élite.

Rómulo había organizado originalmente a su pueblo en tres asambleas, al menos según las tradiciones. No se han conservado pruebas de ello, pero los grupos formales estaban definitivamente presentes durante el reino. Con el tiempo, la gente se separó en grupos basados aproximadamente en el lugar donde vivían en este nuevo paisaje urbano. Si uno tenía la suficiente influencia y riqueza para instalar su casa cerca del rey en las zonas públicas más prestigiosas de la ciudad, recibía más respeto y derechos formales que sus conciudadanos más débiles y pobres. Lo que uno tenía se convertía en algo más importante que la antigua clase u orden a la que su familia pudiera haber pertenecido en el pasado.

Al final del periodo del reino, Roma había crecido hasta convertirse en una ciudad de más de 30.000 personas repartidas en unas 280 hectáreas. La gente se reunía para ver y participar en las ceremonias religiosas, miles de ellos animaban en las carreras de carros y las multitudes aplaudían a sus campeones en los juegos anuales celebrados en honor del dios Júpiter. En esta época, parece que se había construido la primera versión del famoso Circo Máximo. Se trataba de un centro urbano que gozaba de algunas de las características de las ciudades actuales.

Existe una lista tradicional de siete reyes que lideraron este crecimiento, que se recopiló siglos después, pero que está completa con fechas y un registro de los gloriosos y duraderos logros de sus majestades. Básicamente, se dice que cada uno de ellos fundó una o algunas de las principales instituciones de la posterior República romana. Esto es limpio y ordenado y tiene un cierto atractivo, pero carece por completo de pruebas fehacientes.

Sin embargo, seis de estos nombres se ajustan a la antigua convención romana para nombrar a los hombres de élite. De ello se desprende un indicio de que quizá al menos los nombres en sí sean auténticos, ya que los seis nombres individuales son inusuales, y sus seis clanes eran débiles en los primeros años de la república. Si un escritor de la república estaba inventando los nombres de esos reyes, ¿no utilizaría nombres y clanes que fueran poderosos en los primeros años de la república para dar cierta legitimidad a la continuidad? Por ello, se cree que los nombres de los reyes pueden ser algo fiables.

Los nombres romanos son interesantes, y una vez que se entiende cómo se daban a los niños, la maraña de nombres en la larga historia de Roma se hace más fácil de tratar.

Los hombres de la élite, los patricios, tenían un nombre en tres partes: un nombre de pila seguido de los nombres de su clan y subclan. Su primer nombre era elegido al azar por los padres de una lista estándar de doce nombres, pero los dos siguientes, que indicaban el clan y el subclan, no eran negociables (por supuesto). Así, por ejemplo, podía haber varios Julio César en un momento dado, todos del clan Julii y del subclan o familia César. Pero el hombre que recordamos se distingue inmediatamente por su nombre de pila, Cayo.

Las clases plebeyas inferiores del pueblo llano no tenían linaje de clan, por lo que sus hombres solo llevaban un nombre de pila y su designación familiar. Así, el plebeyo Marco Antonio (Antony) de la fama de Cleopatra solo tenía dos nombres, su nombre de pila Marcus y su apellido Antonius.

Las mujeres eran aún menos distinguidas. Las hijas de la élite recibían la forma femenina del clan de su padre. Las niñas de las familias plebeyas tenían que conformarse con la forma femenina del nombre del subclan. Así que, sí, tres hijas de una familia tendrían exactamente el mismo nombre. Las dos hijas de Marco Antonio se llamaban Antonia, por ejemplo.

El primer nombre de la lista de esos antiguos reyes romanos es Rómulo, el fundador criado por los lobos que asesinó a su hermano y dirigió una famosa incursión que consiguió las tan necesarias esposas de los vecinos sabinos para la ciudad. Su nombre no se ajusta a la tradición de nombres romanos que acabamos de ver. Más bien, es un solo nombre, y aparentemente proviene de la antigua palabra etrusca "roma". Todavía no hemos descifrado la lengua de la antigua Etruria, por lo que no sabemos qué significa *roma*, pero podemos ver que es un sustantivo femenino. La terminación del nombre de Rómulo hace que signifique "Pequeño Rom". Esto implica fuertemente que este primer rey fue nombrado por la ciudad en lugar de que la ciudad fuera nombrada por él.

El suyo es el único nombre de la lista que los historiadores sospechan que es ficción. El segundo es Numa Pompilio, un sabino del que se dice que estableció el calendario y el centro religioso de Roma, el Templo de Jano. Le siguió Numa Tulio Hostilio, conocido por arrasar una ciudad cercana. Al cuarto rey de Roma, Anco Marcio, se le atribuye la formación de una clase de gente común (la plebe) a partir de cautivos esclavizados. El siguiente hombre reclamado como rey, Lucio Tarquinio Prisco, aparentemente lo hizo mejor, ya que se dice que era un etrusco que completó el primer gran programa de obras públicas de la ciudad construyendo un gran sistema de alcantarillado. El misterioso Servio Tulio es el sexto de la lista y se supone que redactó la primera constitución de Roma, dio libertad a la plebe, reorganizó las asambleas de votación para que estuvieran basadas en la riqueza y negoció un acuerdo militar con otras ciudades latinas.

Lucio Tarquinio Superbus es el séptimo de la lista. Está más cerca de la época en la que han sobrevivido los registros escritos, y es posible que podamos discernir algunas cosas definitivas sobre él a partir de una historia particular. Se dice que Tarquinio Superbus, también conocido como Tarquinio el Soberbio, permitió que su hijo se encargara de violar a una mujer llamada Lucrecia. Esta desdichada mujer se vio atormentada por la vergüenza y se suicidó. Entonces, según la historia, se produjo una furiosa protesta pública, el rey fue destituido y, en el año 507 a. C., el pueblo acordó establecer una república como alternativa a la monarquía.

¿Realidad o ficción? Bueno, podemos decir con seguridad que algo sucedió porque no hubo un octavo rey, y en lugar de la monarquía, de repente tenemos la república. Además, conocemos los nombres de los primeros cónsules de la república, y uno de ellos fue Lucio Tarquinio Colatino, el marido de la violada Lucrecia. Tal vez algún incidente relacionado con esta mujer desencadenó realmente la hoguera que arrasó la monarquía. Por otro lado, esta historia solo fue escrita por Livio y otros cientos de años después.

Si el fin del reino está oculto en la bruma del tiempo, también lo está la vida de los súbditos. Pero podemos aprender un poco más cuando examinamos las influencias culturales y políticas de sus vecinos, el pueblo de Etruria, que inicialmente vivía en lo que ahora consideramos Toscana y Umbría. La cultura y las ideas etruscas se contagiaron a Roma a lo largo de los doscientos años del reino.

Todavía no somos capaces de entender la singular lengua etrusca, una variante del indoeuropeo, aunque su alfabeto derivaba de los griegos, que creaban ciudades-estado en Italia, presionaban constantemente contra Etruria y se quejaban de los piratas etruscos en alta mar. Pero aunque actualmente no tenemos ninguna ayuda de sus escritos, es razonable suponer que eran descendientes de emigrantes distintivos muy tempranos de algún lugar de Europa central, cuyas tierras natales fueron abrumadas y totalmente diezmadas después de su partida.

En su nueva patria, los etruscos desarrollaron un ejército capaz y una cultura distinta a todo lo demás en Italia. Sus ciudades eran pequeñas y gozaban de cierta independencia, como las ciudades-estado griegas. El pueblo parece haber sido gobernado por reyes durante algún tiempo y luego por magistrados que eran aprobados por períodos de un año por las asambleas de propietarios de tierras. Aunque los datos y detalles son escasos, podemos ver los mismos esquemas generales de monarquía y asamblea en la vecina Roma.

A principios del siglo VII, justo cuando la monarquía de Roma se estaba estableciendo, el ejército etrusco cruzó el Tíber y, hacia el año 650 a. C., ya controlaba todo hasta el sur del monte Vesubio. Su ciudad de Veii, fuertemente fortificada, estaba apenas a dieciséis kilómetros al norte de Roma, y durante más de cien años, este pueblo fue un hermano mayor de la monarquía romana. La política, el pensamiento militar, el arte, la religión, el comercio e incluso el alfabeto de Roma no pudieron evitar verse afectados.

La interacción estaba en todas partes. Una inscripción de Veii durante el periodo del reino romano incluye un nombre romano. En Roma se ha encontrado un regalo del templo explicado en escritura etrusca que data de la monarquía. Los magistrados de Roma utilizaban símbolos etruscos. Dos reyes romanos eran etruscos.

Luego, en el año 524 a. C., los etruscos se extralimitaron. Un ejército etrusco atacó una de las muchas ciudades-estado griegas del sur, fue rechazado y, en veinte años, se había retirado y reducido a un estatus secundario. Hacia el año 500 a. C., hicieron un último intento de invadir Roma. Pero fracasaron, como cuentan las leyendas (y más tarde Thomas Babington Macaulay), cuando el tuerto "el valiente Horacio, capitán de la puerta" defendió el puente sobre el Tíber el tiempo suficiente para que Roma se preparara y se salvara. El ejército de Roma se había convertido en una fuerza formidable, con comandantes experimentados y recursos para financiar miles de tropas.

De hecho, aquel séptimo rey romano, el etrusco Tarquinio Superbus, posiblemente debió parte de su derrocamiento en el 507 a. C. a esta abrupta disminución del poder etrusco, así como al escandaloso comportamiento de su hijo hacia la trágica Lucrecia.

Así pues, cuando el último rey fue expulsado por una revuelta de su pueblo, Roma se transformó por completo y dejó de ser el conjunto de familias campesinas de finales de la Edad de Hierro que vivían en chozas de bahareque. Ahora estaba engalanada con impresionantes edificios, acogía espectáculos muy populares, se sentía segura tras una alta muralla y se sometía a poderosos rituales religiosos. Los vecinos etruscos, antaño dominantes al otro lado del río Tíber, eran ahora más débiles que la económicamente y culturalmente segura Roma y sus generales.

En doscientos años, más o menos, una ciudad verdaderamente urbana había sido concebida y construida por una serie de gobernantes que trabajaban con asambleas de sus súbditos. A partir de ahí, el mundo vería una erupción de poderío político y militar de la que todavía se habla 2.500 años después.

Capítulo 2 - Nuevos ciudadanos y viejos dioses

Ahora que el último rey había sido expulsado por las multitudes en las plazas públicas de Roma, ¿qué pondrían en su lugar? Como era de esperar, optaron por una opción segura y se decantaron por más de lo mismo, por una versión modificada de lo que conocían. Habría un rey equivalente, y la multitud seguiría teniendo cierto control sobre él.

A partir de ese momento, el "rey" serían varias personas llamadas magistrados o cónsules, y solo gobernarían durante un año, a menos que los deberes militares los llamaran. Estos hombres solían dirigir el ejército y, obviamente, la ciudad no quería un cambio de liderazgo a mitad de una campaña lejana. Por ello, el mandato de un año podía prolongarse si era necesario.

La voz del pueblo seguiría proviniendo de las ruidosas reuniones públicas, pero ahora había nuevas normas que filtraban los votos del público para aprobar a los nuevos dirigentes y aprobar o rechazar las principales leyes. Esas reuniones públicas se organizaban en función de las clases sociales, clasificadas por la riqueza y la propiedad de la tierra. En esta primera república, Roma seguía siendo una comunidad de agricultores, en la que los mayores terratenientes tenían más dinero y fuerza política.

La tradición también ayudaba. Una serie de clanes a los que se les había otorgado un alto estatus durante el reino lo mantenían ahora. Estos eran los patricios. Los historiadores romanos no tienen claro cómo llegaron a tener este poder, pero estaban firmemente en la cima. Los patricios tenían derecho a vestir túnicas de lino blanco y zapatos rojos. Ciertos sacerdocios estaban reservados para ellos. Todos los demás eran plebeyos o gente del pueblo. No tenían ninguna herencia familiar prestigiosa ni conexión tradicional con el poder, y debían vestir túnicas de color oscuro y sandalias de cuero lisas. En la base había un grupo relativamente pequeño de esclavos. Eran pocos durante los primeros años de la República romana, pero su número aumentaría enormemente a medida que los ejércitos de la república tomaran tierras extranjeras.

Así pues, los romanos no eran iguales, aunque cuando se observan los datos del censo de los primeros años de la república, la clase más rica se diferencia de la más pobre solo por un factor de diez. Esto cambió con el tiempo, ya que las legiones de Roma trajeron la riqueza del extranjero en la última república, pero todo ello surgió de raíces igualitarias.

Los ciudadanos se reunían con frecuencia como patricios o plebeyos para aprobar o rechazar las propuestas de los magistrados principales, que habían sido elegidos por este mismo pueblo solo unos meses antes. Había otros grupos, como el Senado, pero las asambleas de patricios y plebeyos dominaron la vida política de la república durante cientos de años.

Merece la pena analizar un poco más de cerca la asamblea patricia. Los hombres de élite de entre 17 y 60 años se reunían en 193 grupos de votación llamados centurias. Sí, es la palabra que hoy conocemos como centuria. Es un resabio del reino cuando las unidades estándar del ejército de 100 hombres se reunían y votaban. El nombre se mantuvo, aunque en la asamblea patricia de la república, el ejército no tenía un papel formal de votación y cada centuria tenía más de 100 miembros porque cada ciudadano varón libre de la república tenía un grupo donde podía debatir los temas y votar.

Estas asambleas de élite de patricios discutían asuntos importantes. ¿Qué leyes entrarían en vigor? ¿Se juzgaría un determinado comportamiento como criminal? ¿Debería declararse la guerra y desencadenar el ejército? ¿Quién sería el próximo magistrado principal?

Este último punto era especialmente importante, ya que solo los cónsules, o principales magistrados, podían convocar una asamblea y supervisar las elecciones. Además, ellos elaboraban las propuestas para su discusión, y la redacción no podía ser modificada por los miembros de las centurias.

Los hombres de estas centurias patricias debatían y luego votaban la propuesta del cónsul. Cada centuria emitía entonces un voto según lo determinado por la mayoría de los miembros de su centuria. Así, mientras miles de hombres discutían cada asunto, solo había 193 papeletas para contar cuando se convocaba la votación final.

Este sistema no era tan democrático como podría parecer. Se inclinó a favor del dinero antiguo por la cuidadosa y astuta distribución de los votos. Esas 193 centurias estaban organizadas de manera que 18 centurias se llenaban con hombres de ciertas familias ricas y 5 con profesionales que podrían tener funciones en el ejército. Las 170 centurias restantes estaban ocupadas por hombres clasificados según su riqueza, y los romanos más ricos recibían más centurias que los menos afortunados. También se tenía en cuenta la edad. Naturalmente, había más hombres patricios jóvenes que mayores en la ciudad, y este simple dato demográfico se manipulaba. A fin de cuentas, las votaciones podían beneficiar a las centurias más ricas y bien conectadas, en las que la edad media de los miembros era mayor.

Dicho esto, sin embargo, no era un sistema que pudiera estar siempre amañado porque, en muchas ocasiones, especialmente en los primeros cien años de la república, las dificultades económicas sacaban a la gente a la calle y a las asambleas del pueblo llano, donde votaban por cosas como la reducción de la deuda y la regulación financiera para apoyar a los pobres.

Desde los primeros tiempos de la república, existían asambleas para la plebe, que se constituían como las asambleas patricias. Desde el año 494 a. C., la plebe votaba a sus propios líderes, llamados tribunos. Tenían mandatos de un año, y formulaban propuestas que no podían ser reformuladas y las enviaban a los grupos formales de hombres comunes para su debate. El resultado de esas votaciones de la plebe determinaba el voto único de cada grupo.

La plebe estaba gravemente afectada por la larga recesión económica de aquellos primeros cien años, y en su asamblea se discutían a menudo los temas que siempre se asocian a los pobres: el hambre, la deuda y la reforma agraria. Pero la plebe también reclamaba más poder político. ¿Por qué los ricos terratenientes debían tener más voz que el pueblo trabajador que los mantenía con su trabajo? En los primeros cincuenta o sesenta años de la república se produjeron dos grandes estallidos de huelgas y disturbios provocados por el hambre de la plebe, y parece que esto politizó al pueblo llano y aseguró que sus asambleas tuvieran un lugar definido, aunque débil, en los pasillos del poder de Roma.

Lamentablemente, la división de la gente en los primeros años de la república entre los que tenían y los que no tenían, los tradicionalmente privilegiados y los pobres, que cabría esperar que diera voz a los económicamente débiles, no funcionó así. El dinero habla, y la plebe adinerada acabó ascendiendo a los órganos de gobierno que inicialmente solo estaban en manos de los patricios, y luego, juntos, dirigieron Roma en beneficio de las familias adineradas. ¿Acaso algo cambia alguna vez?

Este sistema de magistrados principales, o cónsules, que trabajaban con grupos de ciudadanos era un gobierno sin un aparato estatal como el que conocemos hoy. No había instituciones gubernamentales con personal permanente. Cada nuevo magistrado principal creaba su propia burocracia y la disolvía cuando terminaba su mandato.

Existe otro grupo que debemos mencionar: el Senado. Es la asamblea romana que quizás recordamos mejor hoy en día. Los senadores tenían un estatus, y algo de eso se notaba. Por ejemplo, solo los senadores podían llevar una túnica distintiva decorada con dos anchas franjas verticales que partían del hombro. Además, al principio eran seleccionados personalmente por los cónsules. Más tarde, esta selección pasó a manos de los magistrados menores, que los elegían de entre un grupo de antiguos magistrados, pero ambas selecciones garantizaban que los senadores fueran portavoces de las clases gobernantes.

Al igual que las demás asambleas, el Senado se reunía a las órdenes de un cónsul. Pero hasta cierto punto, los senadores podían influir en las resoluciones que se les presentaban, ya que el cónsul abría un debate sobre un asunto y, tras la discusión, elaboraba dos resoluciones sobre la situación. Los senadores votaban entonces por una de esas dos. Sus decisiones eran solo recomendaciones, y su poder era solo moral. Pero hacía falta un cónsul fuerte para ignorar un decreto del Senado.

Para dirigir la nave del Estado también se necesitaba la ayuda de los dioses romanos. Cuando se tomaban grandes decisiones sobre los cónsules gobernantes, la política de la ciudad o el ejército, los romanos querían saber qué pensaban los dioses. Los dioses gobernaban el mundo, y sería irreligioso y temerario ignorarlos.

En los primeros años de la república, estaba muy extendida la idea de que solo un patricio especial podía interpretar los signos que los dioses utilizaban para revelar su pensamiento. Era el adivino, la puerta a los dioses. En Roma, los sueños no se interpretaban y los profetas eran ignorados.

Las personas con esta habilidad especial se llamaban augures. Durante miles de años, en Grecia y en otras partes de Oriente Medio, se creía que los augures comprendían la voluntad de los dioses observando e interpretando los signos naturales o las acciones de los animales. Estos adivinos aparecieron en Roma durante los años del reino y se les hizo caso durante más de mil años.

Hay cierta lógica en lo que hacían los augures, aunque a nuestros ojos modernos parezcan extrañamente fuera de lugar. Los romanos razonaban que si un dios existe, debe preocuparse por su pueblo, y si se preocupa, les mostrará su voluntad. En Roma, un augur se instalaba en un lugar determinado, señalaba qué parte del cielo iba a observar, y luego esperaba la dirección divina escuchando los truenos u observando cómo volaban ciertas aves, dónde se posaban o cómo picoteaban su comida. Esta revelación no explicaba exactamente lo que iba a suceder. Más bien, respondía a la pregunta de "¿Debe Roma hacer esto?" con un simple "Sí" o "No".

Los primeros augures de la república eran los principales magistrados. Se aceptaba que todo patricio era elegible para ser augur, pero el poder real solo llegaba a un hombre cuando era elegido magistrado principal. Perdía esta capacidad cuando dejaba el cargo. La mayoría de los nuevos magistrados se levantaban a medianoche el día de su nombramiento y estaban pendientes de lo que los dioses les decían sobre su propio futuro.

Al principio de la república, los augures patricios apuntalaban absolutamente toda la estructura política y militar. Cuando un cónsul salía con su ejército de Roma, por ejemplo, se detenía para prestar juramento al dios principal de la ciudad, Júpiter Óptimo Máximo. Al regresar victorioso, organizaba un gran evento religioso para celebrarlo. Pero también llegaba a la vida privada. Por ejemplo, se necesitaba un augur cuando se hacían planes de boda.

El sistema de augurios cambió a lo largo de los años de la república. En un momento dado, se formó un colegio de augures. Las reglas se hicieron cada vez más elaboradas, y el augurio se convirtió en una habilidad para toda la vida. Durante varios cientos de años, un augur podía alegar que el resultado de otro augur era erróneo porque no se habían seguido correctamente los procedimientos. Obviamente, este poder de veto podía ser una poderosa herramienta política en manos de los patricios. Esto desapareció cuando la plebe fue admitida en el colegio de augures alrededor del año 300 a. C.

La Roma primitiva que hemos visto creció más política que físicamente. Los suburbios, los templos y los edificios públicos siguieron siendo en gran medida los mismos. Es cierto que era animada y se autoproclamaba, pero esencialmente, Roma seguía siendo una modesta ciudad en un cruce del río Tíber, influenciada y eclipsada en gran medida por las sofisticadas ciudades etruscas del norte.

Durante los primeros años de la república, fue una ciudad que se contentó con construir figuradamente sobre el legado del periodo del reino, modificar el poder de los gobernantes, encontrar un equilibrio entre sus ciudadanos ricos y los menos afortunados, defenderse de los enemigos y las amenazas cercanas, trabajar las granjas, adorar a los mismos dioses antiguos y disfrutar de los deportes marciales como el lanzamiento de jabalina y disco. También sobrevivió a una grave recesión económica que duró décadas en los primeros cien años.

Con todo ello, Roma consiguió ahorrar suficiente dinero público para afrontar el pago del rescate exigido por un ejército de galos, que apareció repentinamente en las afueras de la joven ciudad hacia el año 400 a. C. Los galos abrieron una brecha en sus limitadas fortificaciones y masacraron a suficientes personas importantes como para que los futuros historiadores romanos se avergonzaran y buscaran formas ingeniosas de salvar algo de orgullo de esta vergüenza.

Pero entonces las cosas cambiaron. Después de todo, Roma confiaba en su estabilidad política y económica. Los augures aseguraron a sus cónsules que debían enviar el ejército para conquistar su provincia natal del Lacio y luego invadir el resto de

Italia. En el año 264 a. C., toda Italia pertenecía a Roma. Veamos ahora cómo sucedió esto.

Capítulo 3 - La toma del barrio

La toma de la Italia peninsular es una de las campañas militares más notables de la historia. Fue impulsada por 250 años de continua ambición y glotona intención y potenciada por un marco de astutos tratados y una administración inflexible.

Fue una campaña más espléndida que la de cualquier cónsul o magistrado, por lo que elude a alguien como Alejandro Magno. Se prolongó más que cualquier mandato del Senado, por lo que su programa se compara con la conquista española del Nuevo Mundo. De alguna manera, la arrogancia y el orgullo en el corazón de Roma, combinados con los antiguos dioses romanos, llevaron las leyes de Roma y la cultura latina a todos los valles de los Apeninos y a las llanuras costeras de Italia. Los zapateros de la república no dejaban de fabricar botas para los soldados.

Al principio, la lucha era por la supervivencia. Los galos se habían apoderado de Europa hacia el año 500 a. C., cuando se fundó la república. Cien años más tarde, se adentraron en el norte de Italia en busca de nuevas tierras. En esta época, los grupos tribales del sur de Italia empujaban hacia el Tíber, al igual que otros, a través de las montañas al este de Roma. Además, los campesinos del norte de Umbría y sus pequeños ejércitos se expandían, acercándose cada vez más a la ciudad.

Todos estos grupos querían tomar las fáciles llanuras del Lacio, inmediatamente al sur de Roma, por lo que los latinos tuvieron que cooperar militarmente. Acordaron ayudarse mutuamente si eran atacados. Roma se mantuvo al margen de esta Liga Latina porque en su día había forzado un tratado desigual con esas ciudades. No atacarían a Roma, y si Roma y la Liga se unían para atacar a los no latinos, Roma se quedaría con la mitad de cualquier botín, mientras que la Liga dividiría la otra mitad entre todas sus ciudades. Sin embargo, Roma se daba por superior.

Era una relación incómoda y desequilibrada. Pero, en realidad, se correspondía aparentemente con los hechos. En el año 348 a. C., por ejemplo, Cartago, en la lejana orilla del norte de África, firmó un tratado con Roma y no con la Liga Latina. Esto sugiere que pensaba que Roma dominaba el Lacio.

Sea cual sea la relación exacta, Roma y los demás latinos cooperaron a menudo, y miles de sus soldados lucharon en lo que debieron parecer pequeñas e interminables batallas campales y campañas por toda la región para rechazar a los invasores tribales. Y la Liga se impuso. Una batalla decisiva contra los umbros en el año 431 a. C. cambió las tornas y, en la década de 390, parecían haber sido desalojados completa y permanentemente del Lacio.

Las tropas romanas eran limitadas y debían utilizarse con moderación. En el 435 a. C., tomaron la ciudad etrusca de Fidena, a una corta marcha al norte del vado del Tíber. Luego fueron enviados a ese encuentro del sur en el 431 a. C. y se quedaron en el Lacio. Veinticinco años después, sus máquinas de asedio y de guerra fueron llevadas hasta las murallas de la siguiente ciudad etrusca, Veii, un poco más lejos. Tardaron casi una década, pero Veii acabó cayendo en el año 396 a. C., aumentando el territorio controlado por Roma en un 30%, hasta los 1.600 kilómetros cuadrados (unas 620 millas cuadradas).

Esto ocurrió justo a tiempo. Cinco años más tarde, los galos atravesaron el vado del Tíber e irrumpieron en Roma, como ya se ha mencionado antes. La ciudad estuvo a punto de hundirse en este maremoto del norte de Europa. No se conservan registros precisos de la lucha, aunque las historias patricias posteriores se las arreglan para darle un giro. («¡Al menos los bárbaros no nos avergonzaron del todo tomando nuestra ciudadela!») Lo más probable es que se pagara un rescate para detener la lucha.

Lo que sí sabemos es que los romanos construyeron inmediatamente una muralla alrededor de su ciudad, de diez metros de altura en muchos lugares y de tres metros y medio de grosor en la base. Una parte de esta muralla sigue en pie. Por ejemplo, hay una sección de la misma en el exterior de la principal estación de tren de Roma, y si entras en la estación y disfrutas de una hamburguesa en el restaurante del sótano de McDonald's, estarás sentado al lado de más de ella.

Esa inesperada derrota reveló a los "aliados" latinos de Roma que la ciudad era más débil de lo que habían imaginado. Inmediatamente, algunos rompieron los tratados del Lacio y se rebelaron, sobre todo en el sur, donde aún perduraban las influencias umbras. Durante unos treinta años, las legiones de Roma se dedicaron a apagar los incendios en toda la región, sometiendo finalmente a la última ciudad latina en el 338 a. C. A partir de entonces, eran los cónsules romanos los que bajaban a dirigir las suntuosas ceremonias religiosas del Lacio con un esplendor deslumbrante en la colina de Albán, en el centro de la región.

Roma estaba ahora segura en el Lacio y en Etruria, pero los romanos querían más. Sus cónsules y generales reunieron los votos de las asambleas ciudadanas y, desde el año 343 hasta el 290 a. C., marcharon repetidamente hacia el sur del Lacio desde la bahía de Nápoles (entonces en manos griegas) y su inquietante monte Vesubio, abriéndose paso en las colinas y ciudades de los pueblos samnitas. Fue un derramamiento de sangre durante más de cincuenta años.

Comenzó como un año o dos de batallas menores seguidas de una pausa de quince años. Luego, Roma plantó provocativamente una colonia en tierra samnita, y en el 328 a. C., eso desencadenó la respuesta armada que esperaban, pero no el resultado. En los combates que siguieron, el ejército de Roma fue rodeado y obligado a rendirse.

La colonia fue desmantelada, pero Roma mantuvo intactas sus ambiciones agresivas. Los ejércitos romanos fueron enviados a mantener las regiones del este y el sur de la zona principal de Samnita en lo que probablemente fue una maniobra táctica a largo plazo. Las legiones tomaron la zona al norte de la actual Nápoles y restablecieron allí las colonias. En el 312 a. C., los ingenieros construyeron la vía Apia desde Roma hasta las tierras samnitas. No se podía ocultar su intención agresiva.

Los samnitas, la resistencia que quedaba en Umbría y Etruria, y los galos del extremo norte se sublevaron. Siguieron años de lucha. Los registros son incompletos, pero sabemos, por ejemplo, que en un momento dado, 35.000 soldados romanos y el mismo número de sus aliados estaban en una batalla contra los umbros al noreste de Roma. Esos son números enormes, y eran suficientes. En el año 290 a. C., los samnitas firmaron un tratado con Roma y depusieron definitivamente las armas.

Con este historial de doscientos años de independencia, tratados abandonados y revueltas, podríamos pensar que las alianzas con Roma a menudo no valían ni el pergamino en el que estaban escritas. Pero eso sería un error. Cuando los romanos tomaban una ciudad, no la mantenían con un control férreo y con magistrados intransigentes traídos de la lejana Roma. Más bien, utilizaban una serie de acuerdos y tratados que beneficiaban a todos los implicados. La ciudad era incorporada al sistema administrativo romano. Los asuntos locales, la identidad y las políticas sociales permanecían en manos locales, y una parte de los jóvenes eran reclutados en las legiones.

Esto era una novedad. Nadie más se había expandido según este modelo. Durante un tiempo, proporcionó a Roma reservas de hombres para el ejército que crecían proporcionalmente a medida que aumentaban sus territorios. Estableció relaciones en gran medida apreciadas con los pueblos conquistados en la península itálica, que en general permanecieron leales cuando los griegos y más tarde los cartagineses invadieron y marcharon sobre la República romana. Y cuando el modelo se exportó al extranjero, demostró ser una base fiable para la romanización y la lealtad en todo el Mediterráneo y más allá durante algunos años.

Este concepto de tratado puede haber surgido de un conjunto de derechos que tradicionalmente disfrutaban Roma y las demás ciudades del Lacio. Las transacciones comerciales y los matrimonios en una de estas ciudades eran reconocidos en otros centros, y una persona que se trasladaba a otra comunidad latina podía convertirse en ciudadano de su nueva ciudad. Estos acuerdos eran relativamente sencillos porque los latinos eran étnica y culturalmente similares.

Este temprano acuerdo de cooperación dominó los primeros cien años de la república, aproximadamente, una época en la que los romanos establecían alianzas con las ciudades latinas y se concentraban en luchar contra las tribus más lejanas que vivían en pequeños centros más allá del Lacio. Cuando eran conquistadas, esas pequeñas comunidades extranjeras simplemente pasaban a formar parte de la gran Roma, y sus tierras se entregaban a los ciudadanos romanos.

En el 380 a. C., la gran ciudad latina de Tusculum, cerca de las colinas de Albania y rodeada de tierras estatales romanas, fue incorporada formalmente a Roma. Esta fue la primera vez que un gran centro se añadía al estado de Roma, y aunque los detalles de la fusión se han perdido, parece que el pueblo mantuvo cierto grado de independencia local, aunque inicialmente no se les concedió el derecho a ocupar cargos en la propia ciudad de Roma. Aquí vemos un esbozo de lo que se convertiría en un sistema de tratados de probada eficacia.

Las cosas se aclararon mucho más en el año 338 a. C. Ese año se disolvió la Liga Latina informal y Roma absorbió el Lacio. No hubo ataque frontal ni demolición de pueblos y ciudades. Pero la invisible estructura política de la región fue sustituida por un control romano.

Ahora, cada ciudad latina estaba ligada a Roma por separado e individualmente mediante un tratado. Los anteriores tratados comerciales, militares y sociales que unían a las ciudades latinas se rompieron. Como en Tusculum, los magistrados locales se ocupaban de los asuntos locales, y los ciudadanos de una ciudad tenían derechos y obligaciones casi iguales a los de los ciudadanos romanos. Pero los jóvenes seguían siendo reclutados por las legiones. La antigua interdependencia y cooperación latina se marchitó. El comercio y la cultura con Roma se fortalecieron mientras el gran Lacio se marchitaba.

Más allá del límite meridional del Lacio, Roma estableció tratados menos generosos con las ciudades extranjeras no latinas. Allí, la gente se romanizó, pero al principio se consideró que no estaban del todo preparados para ser absorbidos por el estado de Roma. Tenían cierta independencia, pero la gestión local era limitada, los ciudadanos no tenían derecho a voto sobre las leyes y reglamentos enviados desde la lejana Roma, y había que proveer hombres para las legiones. Esto fue cambiando poco a poco por la fuerza de las nuevas circunstancias y, cien años después, estos pueblos obtuvieron la plena ciudadanía romana.

Más lejos de Roma, los tratados eran más desiguales. Los ciudadanos conquistados tenían que "mantener la grandeza del pueblo romano", lo que significaba enviar reclutas a las legiones y aceptar la política exterior de Roma. No eran absorbidos por el estado romano a menos que Roma quisiera mantener una ciudad específica más cerca de su seno.

Roma también puso mucho empeño en plantar colonias para controlar e influir en regiones lejanas de la península itálica. Cuando los latinos aún estaban unidos como una liga, estos nuevos asentamientos fueron manejados por romanos y campesinos latinos que antes no tenían tierras, a los que se les dio autonomía, sus propias granjas de tamaño generoso y la ciudadanía del nuevo asentamiento. Como en otros lugares, Roma reclutaba a estos colonos para sus legiones. Pero a diferencia de otras formas de influencia, estos colonos latinos eran romanos de corazón. Llevaron su cultura, y los pueblos locales de aquellas zonas lejanas habrían adoptado algunas de sus costumbres. Más tarde, algunos de estos asentamientos se establecieron en el extranjero, donde Roma quería influir, pero consideraba que los ciudadanos no estaban aún preparados para los derechos romanos plenos.

Roma también experimentó con una colonia ligeramente diferente. En ella, los miembros conservaban su ciudadanía romana, a pesar de que era claramente impracticable. (¿Cómo iban a desempeñar sus funciones a tal distancia? ¿Cómo podrían los magistrados con sede en Roma conocer sus necesidades y aspiraciones?). Estas colonias ciudadanas eran básicamente puestos militares de avanzada, y quizás por ello, los colonos no estaban obligados a servir en las legiones. No eran ni populares ni muy utilizadas.

Roma no fue la única colonizadora en Italia. Los griegos estaban dispersos en una red de colonias en el fondo de la península y a través de Sicilia. En la lejana Roma, cónsules, senadores y ciudadanos eran partidarios de sustituirlos por romanos. En el 282 a. C., dieron el primer paso. Atacaron la ciudad griega de Tarento. Los griegos pidieron ayuda a Pirro, el rey de Epiro en el noroeste de Grecia, y este llegó en el 280 a. C. con treinta y cinco mil hombres y veinte elefantes. Los elefantes sembraron el terror y el comandante griego superó a los oficiales romanos. La legión de Roma fue derrotada. Sin embargo, murieron cuatro mil griegos, y su rey hizo un comentario que nos ha acompañado hasta hoy, colocando su nombre en la lengua española. Se dice que dijo «Otra "victoria" me habría costado la guerra». Una victoria pírrica, sin duda.

El rey aplicó una sólida estrategia militar: perseguir y destruir a un enemigo derrotado. Reclutó a las tribus locales antirromanas y marchó hacia Roma. Pero las tribus más cercanas a Roma se mantuvieron fieles, y Pirro no pudo asestar el golpe mortal que quería. Se retiró al sur.

Al año siguiente, los griegos volvieron a marchar hacia el norte y derrotaron a la legión una vez más; sin embargo, 3.500 de sus hombres yacían muertos en el campo de batalla, haciendo que su victoria fuera tan pírrica como la anterior. Evidentemente, las fuerzas de Pirro eran superiores a las de Roma, pero los cónsules rechazaron su oferta de paz a cambio de la independencia de la región samnita y del sur de la península.

Justo en ese momento, llegó una llamada de auxilio desde las colonias griegas del este de Sicilia. Estaban siendo invadidas por un ejército de Cartago. Pirro navegó hacia Sicilia en el 278 a. C., y este griego consumado hizo retroceder a los norteafricanos hacia el oeste de la isla.

Sin embargo, el sur de Italia seguía siendo su prioridad, por lo que trajo sus fuerzas de vuelta y atacó a lo que pensó erróneamente que era un solo ejército romano. Para su sorpresa, un segundo ejército latino apareció de repente, y Pirro se vio obligado a retirarse a Tarento. Y siguió retirándose. Dejando a los colonos a su suerte, regresó a su reino en el Epiro. Durante los siguientes doce meses, Roma se apoderó de todo en el sur de Italia. Los galos hostiles seguían atrincherados y activos en el norte, pero todo lo demás en toda la península estaba ahora firmemente en manos romanas.

Pero, ¿podrían mantenerlo? Sí. Las legiones ya dominaban el arte de la guerra autosuficiente en las montañas y valles de Italia, y las ciudades peninsulares se beneficiaban en gran medida de estar bajo el control de los cónsules y magistrados de Roma. Entonces, ¿había necesidad de enviar generales y tropas al extranjero, donde se necesitarían palancas mucho más largas para controlar e integrar a los pueblos extranjeros? Eso dependería de la ambición de la élite romana, y estamos a punto de ver cuán fuerte era.

Capítulo 4 - Lanzando los barcos a la gloria

Las familias de la élite romana se habían enriquecido durante esos 250 años, más o menos, a medida que se hacían con tierras y vínculos comerciales hasta la "punta de la bota" de Italia. Pero este empuje hacia el sur los enfrentaba ahora a una ciudad-estado extranjera que se expandía en dirección contraria. Si querían mantener su lugar y sus riquezas en la península, Roma tendría que luchar contra las armadas y los mercenarios de Cartago al otro lado del Mediterráneo. Decidieron hacerlo, sin saber que la lucha duraría 130 años.

Cartago era una ciudad de exitosos comerciantes construida en la costa norte de África, en la actual Túnez, un lugar que difícilmente podía fallar. Desde allí, los veloces barcos mercantes navegaban hacia el este, hacia el actual Líbano, la patria original de los fenicios (púnicos en latín), que fundaron Cartago hacia el final del primer milenio a. C., así como hacia el oeste, hacia las prometedoras nuevas tierras de Europa y las islas de Cerdeña y Sicilia. Estas dos grandes islas estaban demasiado cerca de Italia para la comodidad de los romanos.

En tiempos anteriores, los comerciantes púnicos navegaban hasta la propia Roma y establecían tratados entre Cartago y la ciudad del Tíber. Pero los romanos rompieron esos acuerdos y se dejaron arrastrar a la lucha en Sicilia entre colonos de Cartago y colonos griegos. La primera guerra púnica había comenzado.

En el año 264 a. C., los soldados romanos pusieron tropas en la isla y pronto ocuparon la mitad oriental. La parte occidental no cedió tanto, por lo que los generales idearon una notable alternativa a las tácticas militares habituales. En lugar de atacar por tierra, construirían barcos de combate, aprenderían a navegar con ellos, bloquearían los puestos de avanzada púnicos y forzarían la rendición.

Esta audacia fue acompañada de ingenio. Las batallas navales convencionales de la época se ganaban con hábiles tácticas de embestida, y los marineros púnicos tenían siglos de experiencia en la maniobra de buques de guerra oceánicos. Así que los romanos desarrollaron una alternativa, un puente portátil que arrojaban sobre la cubierta de un barco enemigo, lo que permitía a los grupos de abordaje asaltar el barco con el tradicional combate cuerpo a cuerpo, en el que las legiones se desenvolvían bien. Existen algunas dudas sobre cómo funcionaba este aparato y si realmente había un pesado pincho en la parte inferior para fijarlo al barco púnico cuando se estrellaba contra la cubierta. Pero el aparato se llamaba corvus, y durante algún tiempo, funcionó.

Fue una innovación inteligente, pero los barcos púnicos fueron rápidamente reemplazados después de esas pérdidas. Además, los asentamientos de Cartago en Sicilia seguían apoyados e invictos. Entonces, Roma volvió a cambiar de táctica. Esta vez, construirían una enorme flota naval, se enfrentarían a la flota púnica y desembarcarían una fuerza de invasión fuera de las murallas de la propia Cartago, a unos 550 kilómetros (unas 340 millas) a través del Mediterráneo en el norte de África. Lo hicieron en el verano del 256 a. C.

Una vez más, su éxito fue amortiguado. La flota de Cartago fue derrotada y los romanos llenaron sus barcos de botín. Sin embargo, la ciudad de Cartago no cayó. Hubo conversaciones de paz, pero la temporada de combates estaba llegando a su fin y se acercaba el invierno. Los suministros eran insuficientes para mantener a todo el ejército romano en el norte de África hasta la primavera, por lo que una gran parte fue llevada a casa.

En la siguiente primavera del 255 a. C., los veinte mil hombres que quedaban no fueron reforzados con la suficiente rapidez y fueron masacrados casi hasta el último hombre. Roma envió 264 barcos para rescatar a los pocos supervivientes, pero esa flota se vio envuelta en una tormenta, en la que naufragaron 184 barcos. Se dice que decenas de miles de hombres se ahogaron. Esta fue una derrota masiva en todos los niveles.

Pero estamos analizando a los romanos. Siempre han mostrado tenacidad y reservas ilimitadas de autoestima y recursos humanos. Construyeron 140 nuevos barcos y atacaron Sicilia al año siguiente, esta vez capturando un puerto importante. Al final de esa temporada de lucha, la flota se vio envuelta en otra tormenta y 150 barcos cayeron. Las pérdidas y las cifras son alucinantes. Pero la cosa empeora. Construyeron 120 barcos nuevos, lanzaron un ataque terrestre con éxito en Sicilia, fracasaron en otro, fueron derrotados en una batalla naval y perdieron una flota cuando fue empujada contra las rocas por una hábil maniobra púnica en el 249 a. C. Fue un huracán de pérdidas.

Los registros del censo muestran una disminución de los varones de Roma del 17% en estos quince años de lucha. Estos fueron golpes de gran efecto que ni siquiera Roma pudo sostener. Por lo tanto, pusieron una pausa en las cosas. Pero en el año 242 a. C., una nueva flota de doscientas naves estaba lista, y la táctica del puente de abordaje fue desechada y sustituida por marineros entrenados en estrategias y tácticas navales estándar. La flota derrotó a los cartagineses en Sicilia en un enfrentamiento decisivo cuando los norteafricanos trataron de aliviar su última fortaleza portuaria en la isla. Cartago tuvo que abandonar su sueño de mantener Sicilia y se vio obligada a pagar a Roma una enorme multa durante los diez años siguientes.

Al norte, por supuesto, estaba Cerdeña, y Cartago tenía mercenarios en ella. Pero Roma también tenía los ojos puestos en esa isla y obligó a los norteafricanos a abandonarla y a pagar otra enorme multa. Esto irritó a los cartagineses, y la amargura mutua se agravó. Entonces, en el año 218 a. C., un general norteafricano dio un paso adelante para vengar el honor púnico y forjar una historia militar que todos los escolares conocen. Aníbal cruzó los Alpes con sus elefantes e irrumpió en Italia.

Salió de su base en España con treinta y siete elefantes y unos sesenta mil hombres y cruzó los Pirineos hacia la Galia. A continuación, liberó a unos quince mil soldados y se adentró en la impenetrable muralla de los Alpes italianos. Apenas dos semanas después, ¡salió intacto al otro lado! Aníbal se había enfrentado a feroces emboscadas de los miembros de las tribus locales, había soportado penurias épicas, había visto morir a hombres en accidentes y había trepado por pasos escarpados. Esto fue realmente asombroso, y no es de extrañar que la caminata siga siendo recordada.

Aníbal había demostrado su ingenio, su habilidad y su determinación, y la desató por completo contra los romanos. En el norte de Italia, reclutó a los galos antirromanos locales y derrotó a un ejército romano enviado para detenerlo. Se dirigió al sur, a Etruria, en el 217 a. C., donde atrapó y aniquiló a la segunda fuerza de legiones que intentaba detenerlo.

A continuación, rodeó el sur de Roma, llamó a los no latinos para que le apoyaran y lanzó una tercera batalla contra las legiones. Ganó el combate; unos cincuenta mil soldados romanos fueron masacrados. Pero no pudo conseguir el apoyo local. La ciudad estaba ahora expuesta, pero Aníbal no disponía de máquinas de asedio para acercarse a las murallas, así que se dirigió al "talón" de Italia y controló esa región del sur en el año 212 a. C.

Roma respondió gastando todos los denarios que le quedaban para reunir veinticinco legiones (la mayor fuerza que jamás había reunido), y en las siguientes temporadas de lucha, libraron batallas a pequeña escala por las ciudades ocupadas por Aníbal. No habría más encuentros campales a gran escala, que Aníbal siempre había ganado. Esto empantanó al gigante púnico.

A continuación, Roma se propuso cortar las líneas de suministro de Aníbal desde España, que Cartago ocupaba. Para el 207 a. C., la península ibérica pertenecía a Roma. Un pequeño ejército de cartagineses escapó de España e intentó unirse a Aníbal en Italia. Fue atacado y aniquilado. En el año 204 a. C., toda Italia estaba de nuevo bajo control romano, y los romanos se movilizaron para asestar su propio golpe mortal contra la ciudad de Cartago al otro lado del Mediterráneo. Esto obligó a Aníbal a abandonar Italia, pero incluso con su experiencia y ayuda, las fuerzas púnicas de Cartago fueron puestas de rodillas en 201 a. C.

Las dos ciudades firmaron un tratado de cincuenta años de duración que esencialmente rompió el imperio púnico en el Mediterráneo occidental, puso fin a esta segunda guerra púnica y redujo a Cartago a una ciudad más que pagaba impuestos anuales a Roma.

Durante cincuenta años, este acuerdo se mantuvo. Sin embargo, las viejas animosidades seguían vivas, y cuando el tratado expiró, sonaron los tambores de guerra en el Senado romano. Roma envió su armada y sus legiones al norte de África. Cartago y las ciudades vecinas intentaron negociar, pero Roma atacó en el 149 a. C. con cierto éxito. Luego, en el 147 a. C., ingenieros y navieros volvieron a presionar a Cartago. Fue asaltada y tomada al año siguiente tras una semana de lucha callejera. Los supervivientes fueron esclavizados, la ciudad fue saqueada e incendiada, y el emplazamiento de la otrora gran ciudad quedó bajo una salvaje maldición. Más tarde se dijo que había sido arada y sembrada con sal, pero eso es más probable que sea una leyenda urbana. Roma se había asegurado su primera provincia africana. No sería la última, sin embargo, porque la máquina de expansión de Roma se estaba poniendo en marcha en el extremo oriental del Mediterráneo.

Al otro lado del mar Adriático, al otro lado de Italia, Grecia debía de ser como un espejismo a los ojos de generaciones de senadores romanos. Conocían los elevados logros culturales de los griegos y la tenacidad de sus colonos que vivían de forma independiente en el sur de Italia. Pero Grecia no era un vecino, así que ¿por qué intentar ocuparla?

La respuesta se hizo evidente cuando Filipo V de Macedonia aceptó ayudar a Aníbal en Italia y apareció listo en el 216 a. C. para invadir la región, que iba aproximadamente desde la actual Trieste hasta Tirana. En ambos casos, Roma tenía un interés estratégico en enfrentarse a Filipo, lo que hizo con algunas intervenciones militares poco entusiastas durante un periodo de diez años.

El ritmo aumentó en el año 200 a. C. Varias ciudades-estado griegas del Egeo fueron atacadas por Filipo y pidieron ayuda militar a Roma. Se les concedió, y en el año 197 a. C., las legiones aniquilaron al ejército macedonio.

Sin embargo, esto dejó al Senado con un dilema. ¿Cómo podrían las fuerzas romanas mantener y controlar las numerosas ciudades-estado independientes de Macedonia y de la Grecia continental, así como las de las costas de la actual Turquía, donde el rey seléucida Antíoco III tenía sus propios designios sobre Grecia?

La respuesta fue ponerse un manto de generosidad. Filipo quedó como gobernante de una Macedonia más débil, donde sería un amortiguador contra las tribus del norte y el creciente reino hostil de los seléucidas al este, al otro lado del Egeo. Además, en los grandes Juegos Ístmicos de junio de 196 a. C., un heraldo romano anunció que toda Grecia al sur de Macedonia sería libre, sin impuestos y sin supervisión de ningún soldado romano. Se rompían unos 150 años de grilletes macedonios. El estadio estalló en rugidos de aprobación.

Roma tenía ahora un control tentativo sobre Grecia y podía esperar a ver lo que Antíoco podría hacer desde el otro lado del Egeo. Los romanos solo tuvieron que esperar cuatro años. En el año 192 a. C., el monarca seléucida fue persuadido de apoyar a un grupo de oposición en Grecia, quien le dijo que todo el territorio griego hervía con un resentimiento invisible contra Roma. Por supuesto, no era así. Cuando Antíoco desembarcó allí con diez mil hombres, descubrió rápidamente que los rebeldes con los que se había aliado estaban siendo abatidos en Macedonia, que las tropas romanas se estaban apoderando de esa región y que se estaba reuniendo un ejército romano de más del doble de tamaño que el suyo.

Para su fortuna, el rey tomó posición en las Termópilas y afrontó su destino con honor. Al igual que los espartanos, su ejército fue masacrado. Antíoco apenas escapó con su vida a Éfeso. Las legiones marcharon tras él, derrotaron a un ejército que levantó allí y obligaron a Antíoco a pagar una enorme indemnización y a retirarse a Siria avergonzado.

Lo que sucedió después es una especie de vergüenza para Roma. Durante los siguientes cincuenta años, más o menos, los romanos estrecharon y reforzaron su dominio sobre Macedonia y Grecia por la fuerza de las armas, la traición, la crueldad y el miedo. Gran parte de esto fue impulsado por una codicia escandalosa.

Las familias poderosas de Roma y los magistrados de Grecia utilizaron las unidades militares para enriquecerse. Los antiguos impuestos macedonios fueron desviados a Roma, y los ciudadanos romanos propietarios de tierras que vivían en Grecia fueron eximidos de impuestos. Toda la economía de Rodas fue deliberadamente socavada y destruida. Los enemigos fueron masacrados en un número impresionante. Por ejemplo, unos veinte mil perdieron la vida tras una batalla en Macedonia en el año 168 a. C. Un año después, 150.000 macedonios fueron esclavizados en un día y vendidos en los mercados de Roma. Los gobernantes fueron humillados en los triunfos, las personas prominentes fueron exiliadas a Italia, y el antiguo reino de Macedonia fue dividido arbitrariamente en cuatro secciones mal avenidas que desorientaron a los macedonios. Los tratados se rompían cuando convenía a los romanos. Los senadores distantes microgestionaban los asuntos en Grecia, mientras que se animaba a los colaboradores locales a purgar a sus compatriotas con acusaciones falsas de deslealtad. En el año 146 a. C., Corinto fue saqueada y arrasada como un escalofriante recordatorio de dónde residía el poder. Grecia fue acobardada hasta la sumisión.

En el otro extremo del Mediterráneo, las tribus "primitivas" de España habían sido abandonadas durante siglos, mientras los griegos y luego los cartagineses establecían colonias y conquistaban ciudades a lo largo de la costa. Los romanos cambiaron la situación. Como hemos visto, expulsaron a los colonos y mercenarios púnicos de España como parte de su táctica para derrotar a Aníbal. Pero en lugar de retirarse a Italia, se quedaron. Los lugareños se opusieron, y los miembros de las tribus españolas tomaron las espadas. Las legiones de Roma eran impresionantes y victoriosas contra ejércitos masivos, pero no tenían respuestas rápidas a las tácticas de ataque y huida de las mal armadas milicias locales españolas.

Debería haber sido fácil someter a España porque las tribus y pueblos de España no estaban unidos y podían ser eliminados uno por uno. Sin embargo, esa misma desunión significaba que no había un líder tribal central que pudiera negociar la paz entre muchas ciudades a la vez. Los oficiales romanos también podían ser brutales y rapaces. Tras una batalla en el año 151 a. C., masacraron a ocho mil prisioneros. En otra ocasión, mataron a hachazos a veinte mil hombres que se habían rendido. Los oficiales sin escrúpulos atacaban con frecuencia los asentamientos simplemente para obtener un botín.

El Senado de Roma no estaba en sintonía con los comandantes sobre el terreno. Pero algunas de las atrocidades cometidas en España revolvieron tanto el estómago del Senado que hubo varios intentos de crear tribunales en España para juzgar a oficiales y funcionarios por sus excesos. Desgraciadamente, como todas las disposiciones de este tipo, tuvieron un efecto limitado.

Para consternación de los responsables del ejército en Roma, se tardó casi cien años en someter el interior de la península ibérica. Se declaró la victoria en el año 134 a. C., pero quedaron los rescoldos de la revuelta. La toma y el mantenimiento de España habían sido desordenados, poco gloriosos y difíciles.

Esta expansión en ambos extremos del Mediterráneo generó un enorme problema para todos los implicados. Los extranjeros conquistados eran frecuentemente maltratados y estaban resentidos con Roma. Los oficiales del ejército y los magistrados romanos que servían en el extranjero eran cada vez más independientes del Senado y de las asambleas públicas de Roma. Estaban demasiado lejos para microgestionar, y el botín de guerra llenaba tanto las arcas de Roma como los bolsillos de los lejanos mandos militares.

Con todo este nuevo territorio bajo su control y sujeto a impuestos, Roma podía ahora gastar en mayores sistemas de administración y grandes obras públicas. Los contratos de recaudación de impuestos irían a parar a las clases ricas no políticas, que convirtieron su nueva riqueza en grandes terrenos que cultivaban con un gran número de esclavos traídos de las tierras conquistadas a los mercados de Italia.

A lo largo de la historia, los ejércitos han sacado soldados rasos de las familias más pobres. Este era el caso de Roma, donde esas personas solían ser también pequeños propietarios de tierras. Si los hombres que iban a la guerra permanecían demasiado tiempo fuera o eran asesinados en suelo extranjero, sus esposas e hijos se veían a veces obligados a vender esas tierras a los grandes propietarios y a trasladarse a la ciudad de Roma para sobrevivir. Con el tiempo, un gran grupo de estas personas, sin derecho a voto, comenzó a exigir una voz y a oponerse a los grandes terratenientes. Esto sería un problema importante en los siguientes cien años de la república. En solo un siglo, lo cambió todo. El Senado sería desbaratado y todo el aparato de gestión de Roma sería puesto de rodillas, como veremos a continuación.

Capítulo 5 - Roma contra Roma en una época de sangre

Si tuviéramos que elegir una fecha para el inicio del colapso de la República romana, podría ser el 133 a. C., el año en que Tiberio Sempronio Graco fue golpeado hasta la muerte por una turba utilizando palos hechos con asientos de madera rotos.

Tiberio Graco, un joven adinerado de familia aristocrática de veintitantos años y recién llegado de exitosas campañas militares en España, se convirtió en jefe de la asamblea plebeya de vuelta a Roma en nuestro fatídico año. Conocía de primera mano la desesperada situación de los romanos de a pie y los problemas particulares de los militares retornados, y trató de llegar a la cima de la política romana sobre la base de esos agravios y dificultades económicas cada vez más profundos.

Como joven decente y práctico, propuso que el Senado aprobara una ley que otorgara a los soldados que regresaran pequeñas parcelas de tierra agrícola ocupadas ilegalmente por grandes propietarios o en regiones conquistadas. Esta sensata reforma serviría para tres cosas, dijo. En primer lugar, se cumpliría la ley. En segundo lugar, se mantendría el suministro de soldados a las legiones. Se trataba de una necesidad urgente, ya que los ejércitos se nutrían de combatientes procedentes de los terratenientes, hombres que podían financiar sus propias armas y equipo, aunque solo poseyeran pequeñas parcelas de tierra de cultivo y fueran a ser soldados de a pie. Y, en tercer lugar, ayudaría a controlar la enorme fuerza de trabajo de los esclavos importados para cultivar las tierras de los ricos y que aparentemente estaban al borde de la revuelta armada y el levantamiento (el ejército de esclavos de Espartaco haría exactamente lo mismo sesenta años más tarde). Por no hablar de la hostilidad de los romanos pobres que decían que los esclavos estaban tomando trabajos que ellos podrían haber hecho.

La asamblea del pueblo llano gritó su aprobación. Los senadores se opusieron, argumentando que siglos de orden social se verían alterados. Entonces, Tiberio Graco hizo un juego de manos político e hizo aprobar una ley en la asamblea plebeya. El Senado se negó a apoyar o financiar la legislación, y cuando Tiberio Graco se hizo con los fondos del Estado, los senadores estallaron de furia. Gritaron: «¡Tiberio Graco pretende convertirse en rey!». Se rompieron los bancos de madera, y una turba de patricios y sus partidarios salieron del Senado y atacaron a Graco cuando se encontraba entre la plebe en el Capitolio. Hasta trescientas personas fueron apaleadas hasta la muerte. Por primera vez en la historia de la república se utilizó el asesinato como arma política. Una terrible mezcla de asesinatos y ejecuciones se convirtió rápidamente en la norma letal. Y en menos de cien años, derribaría la república y destruiría a los senadores, los mismos que al principio parecían beneficiarse de ella tan convenientemente.

Tiberio Graco tenía un hermano menor, Cayo Sempronio Graco, que compartía las preocupaciones de su hermano sobre los pobres de Roma, la corrupción del Estado, el poder del Senado y la reforma agraria. Después de algunos años de servicio militar en el extranjero, fue votado como líder de la plebe en el año 123 a. C. y utilizó esta base de poder para aprobar leyes astutas, meticulosamente investigadas y cuidadosamente consideradas que se basaban en el legado de su hermano.

En su segundo año de liderazgo, dirigió su atención al problema italiano. Tenía que encontrar la manera de aplacar al pueblo cada vez más descontento que había vivido en la península tanto tiempo como los romanos, gente que compartía la misma lengua y cultura y que había sido introducida en el círculo económico y militar de Roma, pero que siempre fue tratada con desdén y como primos (muy) pobres por los ciudadanos de Roma.

El Senado quería mantener el statu quo. No es de extrañar. Cayo Sempronio Graco quería darles una mezcla de ciudadanía plena y parcial. Los tradicionalistas ganaron el enérgico debate, y declararon la ley marcial y ordenaron acampar un ejército en las afueras de Roma para encontrar a Cayo Graco en la colina del Aventino y matarlo. Las tropas mataron a miles de sus seguidores, pero no pudieron golpear a su líder. Este se suicidó.

Los senadores se sentían cada vez más cómodos utilizando su nueva arma política del asesinato. Pero pronto se sentirían alarmantemente inseguros con el resultado inesperado de un pequeño cambio administrativo que desencadenó una cadena de consecuencias imprevistas que transformó el poder de los generales del ejército.

El oficial responsable fue Cayo Mario, de baja cuna, que, contra todo pronóstico, se convirtió en cónsul en el año 107 a. C. e hizo que se aprobara una legislación fatal que permitía reclutar para las legiones a hombres sin tierra si eran libertos. Hasta ese momento, como hemos visto, los soldados poseían tierras y tenían los derechos de voto de los terratenientes y una participación en el sistema de asambleas de Roma y en el Senado. Ahora, los hombres sin tierras y sin esos derechos dependerían de sus comandantes para el pago y las recompensas. Sus lealtades estarían con sus oficiales, no con un sistema político en el que no participaban. Algo escalofriante.

Cayo Mario conocía la guerra. Tuvo éxito y fue eficiente en la batalla en una época en la que las legiones de África y la Galia eran derrotadas con frecuencia, y el general Mario salvó a Roma de una enorme ofensiva bárbara en el norte de Italia en 102 y 101 a. C. Sus victorias fueron suficientes para que fuera elegido cónsul en repetidas ocasiones (ocupó el cargo en siete ocasiones, algo sin precedentes), pero la clase dirigente nunca lo apoyó ni aceptó.

Para entonces, el clamor por la ciudadanía de los italianos no romanos incitaba a los disturbios y a las matanzas. Las ciudades del sur se rebelaron. Cayo Mario fue enviado para calmar la revuelta y se aprobó una ley que concedía finalmente una ciudadanía limitada a los italianos. Sin embargo, esto no silenció todos los levantamientos.

Para agravar los problemas del Senado, un gobernante local de Asia Menor, el rey Mitrídates, fue atacado imprudentemente por tropas romanas poco adecuadas. Las hizo a un lado y se lanzó a través del mar Egeo sobre las legiones de la Grecia continental. En el 88 a. C., con las ciudades griegas en el bolsillo, el rey ordenó matar a todos los romanos que vivían en Asia Menor, y se dice que murieron ochenta mil personas.

El cónsul Lucio Cornelio Sila Félix se preparó para hacer frente a esto, pero se retrasó por la agitación política y la propuesta de que Cayo Mario fuera a Grecia en su lugar. Indignado, Sila llevó sus tropas a Roma y se aseguró de que fuera enviado a los campos de batalla de Grecia y Asia Menor, que estaba lista para el saqueo. Por primera vez, las tropas (muchas de ellas de libertos sin tierra leales a Sila) fueron utilizadas con fines políticos. Cayo Mario huyó a África y tuvo que ver cómo Roma se veía asolada por los disturbios civiles y cómo Sila obtenía victorias en el este.

En el año 87 a. C., Mario regresó y tomó el control de Roma con las tropas que le eran leales. Hizo ejecutar a catorce senadores, todos ellos enemigos suyos y algunos de ellos de alto rango, y luego se hizo elegir cónsul. Estos fueron eventos notables. No sabemos a qué podrían haber conducido porque, en el año 86 a. C., Cayo Mario murió por causas naturales.

Se avecinaban más muertes. Ese año, Sila expulsó a Mitrídates de Grecia, pero en lugar de acosar al rey hasta una estrepitosa derrota, negoció un trato con él. Mitrídates mantendría sus tierras en Asia Menor como vasallo a cambio de dinero y barcos para que Sila pudiera atacar a la propia Roma. Sila desembarcó en Italia en el año 83 a. C. con una gran riqueza. Reclutó tropas, marchó sobre Roma, soltó matones para masacrar a cientos de sus oponentes, se hizo elegir dictador y aprobó leyes que lo exoneraban. Cinco años más tarde, murió por causas naturales, dejando un terrible referente en asesinatos políticos y una demostración del poder que ahora tienen los generales del ejército sobre los senadores de Roma.

Sus sustitutos no tardaron en aparecer. En el año 69 a. C. se necesitaba urgentemente uno, ya que los piratas se habían convertido en una amenaza para todo el Mediterráneo. Las flotas de estos piratas viajaban casi a su antojo, derrotando a los barcos de guerra romanos e incluso tomando el propio puerto marítimo de Roma, Ostia, y llevándose a destacados cautivos.

En el año 67 a. C., el comandante Cneo Pompeyo Magno (más conocido como Pompeyo) recibió tres años para acabar con ellos. Tardó menos de tres meses. Un importante cambio administrativo ayudó a Pompeyo. Se le concedió la capacidad legal de nombrar a quince subordinados con los plenos poderes que tradicionalmente solo otorgaban las asambleas en Roma. En el pasado, la autoridad de un comandante para luchar contra los piratas solo existía cuando él estaba presente. Ahora, ese mando podía ejercerse a distancia. Estos quince, junto con su comandante, barrieron el Mediterráneo en ataques coordinados que acabaron con la piratería en cuarenta y nueve días.

Pompeyo entonces invadió Asia Menor y derrotó a Mitrídates. Avanzó hacia el norte y se encontró con ciudades tan distantes que podían ser gobernadas, pero no controladas directamente por Roma.

Pompeyo dispuso que los gobernantes se convirtieran en clientes hasta que la región pudiera ser absorbida por el Estado. Este patrón se utilizó en todo Oriente Medio durante los siguientes cien años aproximadamente.

Pompeyo siguió avanzando. En el año 63 a. C., ya había ocupado Jerusalén. En solo diez años, las legiones se habían desplazado desde la costa egea de Asia Menor hacia el sur. La riqueza generada en esta gran extensión de tierra duplicó la recaudación de impuestos de Roma, y los administradores se esforzaron por hacer frente a la situación.

Por sus éxitos, la vieja élite trató a Pompeyo como a Cayo Mario antes que él. A su regreso, en el año 62 a. C., le negaron la concesión de tierras a sus tropas, se negaron a reconocer legalmente sus logros en Oriente y le negaron la entrada en los estratos sociales más altos de Roma. Lo que ocurrió a continuación es materia de las superproducciones de Hollywood, con personajes como Marco Antonio, Cleopatra y Julio César.

Comencemos con Cayo Julio César, un patricio y extraordinario orador que fue elegido cónsul en el año 59 a. C. Negoció con Pompeyo y Marco Licinio Craso para formar el triunvirato, una banda de tres hombres poderosos. Durante seis años, su lealtad mutua y el uso de la violencia y la influencia les harían invencibles en los pasillos del gobierno de Roma.

Julio César partió entonces hacia la Galia y pasó diez años luchando allí donde tenía oportunidad. En el año 54 a. C., desembarcó en Britania, pero le resultó difícil luchar contra las comunidades de allí, ya que estas simplemente se retiraban cuando su ejército avanzaba y hacía que fuera peligroso colocar guarniciones en sus tierras. Se marchó, afirmando haber tomado la isla. Pero los romanos no volvieron hasta dentro de cien años.

En el continente, sin embargo, aplastó todo lo que tenía delante. Cientos de miles de personas fueron esclavizadas o masacradas. Más tarde, César afirmó que había matado a 1,2 millones de personas durante su vida. La tierra entre los Pirineos y el Rin estaba asegurada para Roma, y Julio César se hizo a sí mismo y a sus principales oficiales inmensamente ricos. De hecho, envió tanto oro a Italia que el valor del metal precioso cayó un 25%.

Marco Licinio Craso también estaba luchando. Había sido nombrado gobernador de Siria y debería haberse contentado con despojarla de sus grandes riquezas en beneficio de Roma y de él mismo. Sin embargo, optó por alcanzar también la gloria militar y, en el año 53 a. C., cruzó el Éufrates y atacó Partia. La traición y algunas decisiones imprudentes en el campo de batalla le dejaron a él y a miles de sus tropas muertos.

Al año siguiente, el otro miembro del triunvirato, Pompeyo, fue elegido cónsul. La política en Roma era tumultuosa, asesina y disfuncional. Los patrones tradicionales de votación estaban bajo tensión. Y aunque Pompeyo se había casado con la hija de César, Julia, esto no le había impedido alinearse constantemente con los enemigos de su padre en el Senado. Ella murió trágicamente en un parto en el año 54 a. C., junto con su hijo, y él se casó entonces con la hija de un senador de la élite.

El pacto que había mantenido unido al triunvirato era ahora obviamente irrelevante. Pompeyo y César estaban en curso de colisión, y el choque llegó en el 49 a. C. En marzo de ese año, la misión de César en la Galia terminaría, y perdería el mando de las legiones y la protección legal contra las acusaciones de corrupción presentadas diez años antes. Sus enemigos en la corte eran fuertes, y era casi seguro que iba a ser desterrado y exiliado. César eligió luchar fuera de la corte. Eligió cruzar el Rubicón.

Una ciudad tras otra se entregaron de buen grado a su ejército que avanzaba. Pompeyo calculó que Italia no podría resistirse a César e hizo una retirada táctica a Grecia, junto con muchos senadores, para reagruparse. Con la península en sus manos, César se dirigió a España y, en seis semanas, había combatido y disuelto las legiones leales a Pompeyo. En el 48 a. C., se convirtió en cónsul y se embarcó hacia

Grecia para luchar a muerte con su archienemigo. César ganó la batalla, aunque Pompeyo consiguió escapar y huyó a Egipto, donde tenía influencia con el gobernante, Ptolomeo XIII, al haberle puesto antes en el trono y haberle prestado dinero. Sin embargo, a veces la gratitud se agota porque Ptolomeo mandó matar a Pompeyo a su llegada.

Julio César desembarcó en plena persecución y fue recibido por Ptolomeo XIII, que entregó al general romano la cabeza de Pompeyo en un plato. César se sintió decepcionado por ello. Rápidamente se interesó más por la joven esposa del faraón, Cleopatra, de veintiún años. En realidad era la hermana de Ptolomeo y se había convertido en su reina cuando era adolescente. Ella y César, de cincuenta y dos años, tuvieron un romance y, al año siguiente, se cree que dio un hijo al romano.

Por aquel entonces, los egipcios bajo el mando de Ptolomeo XIII se volvieron contra César, y Ptolomeo murió en la lucha. César casó a Cleopatra con su hermano menor, que se convirtió en Ptolomeo XIV. Sin embargo, la guerra se hizo esperar y César partió hacia Asia Menor, donde derrotó a un hijo renegado de Mitrídates en cuatro breves horas. Su informe a Roma incluyó el igualmente breve "Veni, vidi, vici", que todos conocemos como el famoso dicho de "Vine, vi, vencí".

César se dirigió entonces a Roma, donde la economía y sus deudas personales estaban en crisis y sus enemigos republicanos reforzaban los ejércitos contra él en el norte de África y España. Consiguió mantener fieles a sus propias tropas, cansadas de la guerra, y durante los dos años siguientes arrasaron con los últimos restos de las tropas republicanas en el norte de África y en la península ibérica, a costa de decenas de miles de sus oponentes.

Ahora era obvio para todos en el mundo romano que Cayo Julio César era un poder y una superestrella de una estatura sin precedentes. El sometido Senado de Roma se vio obligado a concederle honor tras honor, vinculándolo con dioses y antiguos reyes romanos. Fue una exageración total, e incluso muchos senadores que antes le apoyaban se sintieron repelidos. Recibió poderes para nombrar personalmente a la mitad de los magistrados de Roma y se hizo dictador vitalicio. Cualquier hoja de parra de la antigua república, con sus asambleas formales y sus cónsules elegidos para un mandato no recurrente, quedaba ahora eliminada.

Se urdió un complot para asesinar al tirano, y todos sabemos lo que ocurrió en los idus de marzo del 44 a. C.

En ese momento, las élites no podían respaldar el gobierno de un solo hombre fuerte, ya que significaba el regreso de la monarquía. Pero Sila y César habían demostrado el poder del autócrata y, finalmente, los republicanos tradicionales tendrían que aceptar que esa era la forma de gobierno futura.

La era de los emperadores estaba a punto de comenzar. Iba a ser inaugurada por un joven de diecinueve años, y la historia incluirá una segunda aparición de Cleopatra.

Primero había que encontrar un sucesor para César. El liderazgo lo tomó el cónsul Marcus Antonius, a quien hoy recordamos como Marco Antonio. Intentó encontrar un punto medio entre los dos bandos enfrentados, pero no había tenido en cuenta a Cayo Julio César Octavio, sobrino nieto de César e hijo adoptivo. César lo nombró su heredero, y hoy lo recordamos como Octavio. Aunque todavía era un adolescente, Octavio rebosaba de ambiciones muy adultas. Marco Antonio no podía apartar al joven César, ya que la popularidad del César asesinado seguía siendo altísima y Octavio era su hijo y heredero. Tampoco podía ponerse del lado del tirano muerto, ya que esto alejaría a los republicanos restantes. Además, apareció un cometa que parecía confirmar la aceptación del César muerto por parte de los dioses.

Las cosas se enredaron y se volvieron violentas. Durante los doce años siguientes, comandantes, magistrados, gobernadores y senadores reunieron tropas, las dirigieron en la batalla, forjaron alianzas improbables entre ellos, asaltaron y saquearon para pagar a sus soldados, se traicionaron mutuamente, enviaron a sus rivales al exilio, masacraron a sus oponentes e impulsaron una lucha incesante por el manto de Julio César que se extendió desde Cerdeña hasta Siria. Murieron miles de personas. Terminó cuando los últimos hombres en pie se enfrentaron en Grecia en el año 31 a. C. Cleopatra estaba junto a uno de ellos.

Marco Antonio había conocido a Cleopatra en el año 42 a. C. en plena campaña en el Mediterráneo oriental. En los años siguientes, tuvieron tres hijos y Antonio se instaló cada vez más en Egipto con ella, habiendo enviado a su esposa romana de vuelta a Roma con sus dos hijas en el 35 a. C. Esto tuvo un mal resultado en Roma. Allí, la gente empezó a pensar que el general había sido convertido por una reina oriental libertina y decadente, todo lo contrario de las castas y nobles mujeres de Roma. Creían que se había convertido en un borracho y degenerado, viviendo como un déspota griego.

Por supuesto, Marco Antonio seguía siendo un talentoso comandante del ejército, pero iba a necesitar más habilidad cuando Octavio se le acercó para un enfrentamiento en Grecia en el año 31 a. C. Antonio partió de Egipto para luchar, pero quedó atrapado por los barcos de Octavio en el puerto de Actium. Su fuga fracasó y sus tropas acudieron al joven César. Antonio y Cleopatra apenas lograron escapar a Egipto. Duraron apenas un año. En el 30 a. C., el joven César atacó Egipto y Marco Antonio se suicidó. Cleopatra hizo lo mismo unas semanas después. Su hijo de Cayo Julio César, Cesarión, fue ejecutado, aunque los tres hijos de Antonio se salvaron.

La república era ahora una fachada, pero la mera eliminación de la mayor parte de la oposición no iba a mantener al joven titán en el poder. Otros lo habían intentado y habían fracasado. Para mantenerse en la cima durante décadas, Octavio debía encontrar un nuevo modelo perdurable. Lo hizo en una maniobra impresionantemente audaz y completa que lo mantuvo a él y a sus sucesores durante unos doscientos años. ¡Salve al Emperador!

Capítulo 6 - El poder y el exceso en el palacio

La primera medida de Octavio fue reducir el tamaño del ejército que había crecido hasta un inmanejable y descoordinado medio millón de hombres. Despidió a 300.000 de ellos, y con el rebosante tesoro de Egipto a su disposición, compró tierras para estas tropas en Italia y en nuevas colonias en el extranjero.

Dos años más tarde, el Mediterráneo oriental funcionaba con mayor eficacia, por lo que en el 29 a. C. marchó hacia Roma en un triunfo masivo, repartió dinero a sus tropas y a los ciudadanos de Roma, y comenzó a desprenderse ostentosamente de los poderes no republicanos que habían acumulado sus predecesores. Sabía que Roma no estaba de humor para ser gobernada por otro rey, pero era muy consciente, por los últimos acontecimientos, por si los administradores o los comandantes tenían alguna influencia sobre las legiones, existiría la posibilidad siempre presente de que uno de ellos desafiara al Senado y avivara las hogueras de la guerra civil. Algo que los romanos también temían que pudiera tener lugar.

¿Cómo podría Roma tener un rey sin tener un rey? Octavio lo consiguió haciendo un movimiento oculto en el Senado y algunos cambios muy públicos en el ejército.

Sorprendió al Senado ofreciendo entregar todos sus poderes a los senadores. Un senador tras otro, algunos de ellos sin duda ya informados en secreto por Octavio, se pusieron de pie y hablaron de esta propuesta totalmente novedosa. Todos ellos sabían que era necesario algún poder central para evitar las guerras internas de los últimos veinte años. Así que votaron para ajustar y reducir la autoridad y la independencia del Senado y dar a Octavio el poder de nombrar a los senadores que dirigirían las legiones extranjeras por períodos cortos. También le dieron un nuevo título: Augusto. No era ni rey, ni dictador, ni político. Ahora era augusto: el "excelso y sereno".

Parecía que la república y su gobierno dirigido por los ciudadanos y basado en el Senado habían sido restaurados. Pero esto era una ilusión. Por un lado, un hombre debía ser extremadamente rico antes de poder ser nombrado por Augusto para el Senado. Una vez allí, se encontraría con un gran prestigio, pero solo debatiría asuntos triviales, y todas sus decisiones necesitaban la aprobación de Augusto. Los administradores que estaban por debajo de él lo pasaban aún peor; solo ejercían sus funciones brevemente y, con el tiempo, su cargo se convertía en algo honorífico.

Además, con el tiempo, las familias más ricas de todo el imperio pasaron a formar parte del Senado. Eran personas sin una fuerte conexión con la república y sus valores tradicionales, y esto facilitó la aceptación del imperio por parte del Senado.

Augusto fue acumulando poco a poco poderes legales y religiosos. Podía interferir en el funcionamiento del Senado sin parecer autocrático y nombrar a los senadores para los puestos más altos y los cargos administrativos. Estableció una burocracia leal que gestionaba el suministro de grano de Egipto, las provincias más pequeñas, las propiedades personales de Augusto y la Guardia Pretoriana, que se había ampliado considerablemente. También se convirtió en el principal sacerdote del Estado.

Este primer emperador se embarcó en un amplio programa de reconstrucción y reforma social. Roma se transformó con nuevos e impresionantes edificios, y Augusto fue mecenas de Virgilio, Horacio y Propercio, los principales poetas de la época. Se promocionó en todo su imperio con estatuas y monedas.

Augusto también reestructuró el ejército. El poder provenía de las jabalinas y las espadas de los legionarios romanos, y ahora los hacía responsables ante él mismo a través de los líderes militares elegidos a dedo de entre un grupo de senadores leales. Como hemos visto, en el pasado, los soldados eran terratenientes, la mayoría de ellos pequeños, que elegían a los líderes de Roma y luchaban a sus órdenes durante breves periodos en campañas específicas, compartiendo después el botín. Las conquistas y la expansión de Roma habían hecho insostenible este modelo. No había suficientes hombres dispuestos a abandonar su tierra para realizar largos destinos y campañas, y en Roma todo el mundo sabía lo que ocurría cuando los comandantes distantes podían compartir el botín con sus hombres. Así, el ejército se convirtió en una fuerza profesional. La lealtad de un soldado era ahora hacia Augusto, no hacia su comandante, y por ello se le otorgaba una paga regular, plazos fijos de servicio (veinte años para los ciudadanos-soldados y veinticinco para los demás), y una paga en metálico o tierras en Italia o en una colonia extranjera una vez finalizado su servicio. Los soldados ambiciosos solo podían llegar a ser centuriones.

Era una fuerza enormemente cara. Pero el propio Augusto le tomaba el pulso a las legiones y podía evaluar con precisión sus necesidades y satisfacerlas sin malgastar el dinero. Y así equipado, aseguró las fronteras del imperio. Ocupó el noroeste de España, consiguió que Asia Menor y Siria aceptaran cierto grado de control romano, decidió no atacar a los partos al este del Éufrates y se adentró en los Balcanes y a lo largo del Danubio. No se expandió a Alemania, ya que vio cómo tres legiones romanas fueron aniquiladas en una gran emboscada y supo que los europeos del norte eran tan difíciles de capturar y controlar como Julio César había encontrado a las tribus de Gran Bretaña unos cincuenta años antes. Una mayor expansión habría llevado a Roma demasiado lejos. Así que Augusto se conformó sabiamente con lo que tenía: una vasta franja de territorio y pueblos en paz y bajo su control.

Una de las desventajas de esto fue que las guarniciones de todo el imperio fueron puestas en una especie de guardia extendida. Varios cientos de años más tarde, cuando llegó el momento de que las legiones romanas fueran agresivas ante los ataques bárbaros sin precedentes, se descubrió que carecían de la tradición y el entrenamiento esenciales. Pero eso es para más adelante en nuestra historia.

Augusto dejó un memorando para que sus sucesores se conformaran con los límites del imperio tal y como él los había dejado, y durante los siguientes doscientos años aproximadamente, se siguió su consejo. Fue un administrador dotado y también dejó tras de sí un notable historial de logros públicos, incluyendo el primer cuerpo de bomberos y de policía de Roma, espléndidos edificios nuevos para la ciudad, un servicio civil amplio y eficaz, un sistema de administración para todo el imperio que rejuveneció la decrepitud del último siglo de la república y, por supuesto, décadas de paz para los ciudadanos romanos.

Pero toda la gloria que se había ganado no podía compensar una vergonzosa deficiencia. Augusto no podía engendrar un hijo que le sucediera. Su primera alternativa fue casar a su hija Julia con alguien de confianza y nombrar herederos a los hijos de esa unión. Su sobrino, de dieciocho años, aceptó, pero murió un año después sin producir otro heredero. A continuación, Augusto casó a la todavía adolescente Julia con un héroe de guerra, que se comportó admirablemente en la cama, pero que murió cuando sus hijos eran apenas unos niños.

Un Augusto ya desesperado casó a Julia con su hijastro mayor, el adusto Tiberio. Esa unión también fracasó porque la pareja no se gustaba, y no hubo hijos. De hecho, Tiberio la abandonó y se exilió voluntariamente en Rodas. Cuando la vida desenfrenada de la desechada Julia se volvió demasiado inapropiada, Augusto la desterró.

Augusto tuvo dos nietos, pero ambos murieron de enfermedad y heridas en la edad adulta. Así que un decepcionado Augusto adoptó a Tiberio como hijo y obligó a Tiberio a adoptar al sobrino nieto de Augusto, Germánico, que estaba casado con una de las hijas de Julia.

El heredero estaba finalmente listo. Ahora Augusto podía ser visto como el que había traído décadas de paz a Roma, y cuando murió en el año 14 de la era cristiana, la ciudad agradecida lo inscribió entre los dioses. Había hecho del "emperador" una posición aceptable.

A Augusto le sucedió una efímera dinastía de cuatro emperadores emparentados con él. Son nombres que conocemos bien: Tiberio, Calígula, Claudio y Nerón. Todavía nos fascinan las historias de salvaje depravación hedonista, los fríos asesinatos políticos, el poder demoledor de sus ejércitos, los gladiadores, las carreras de carros, los proyectos de ingeniería y las historias eruditas encargadas y alentadas por estos cuatro. Los excesos fueron en ocasiones tan repugnantes que hay que tener mucho valor para leer los detalles.

Los emperadores que siguieron a esos cuatro son menos recordados, pero todos ellos tendieron a aprovechar la riqueza que llegaba de todo el imperio y prodigaron dinero en la infraestructura de Roma, en más juegos públicos fabulosos y en un generoso bienestar social, tal como había hecho Julio César.

Construyeron templos y ampliaron los nuevos centros administrativos, los famosos foros. Cuando fue necesario, ampliaron los serpenteantes sistemas de acueducto y los grandes baños públicos. También ampliaron las gloriosas fuentes de Roma y mejoraron su notable sistema de saneamiento público. El dinero se gastó en el puerto de Roma en Ostia, así como en bibliotecas, teatros y lugares deportivos como el Circo Máximo, donde los carros habían corrido desde los días de la república, y el Anfiteatro Flavio (que ahora llamamos el Coliseo), donde los gladiadores eran obligados a matar y luchar entre sí como entretenimiento.

Los emperadores se preocuparon de mantener la institución de la última república de un sistema llamado el subsidio de granos. Originalmente, se trataba de grano con descuento, pero finalmente se convirtió en una limosna gratuita. Se entregaba a 150.000 personas concretas inscritas en un registro. Se necesitaban grandes cargamentos de grano para alimentar a Roma y a los demás centros principales de Italia, y la mayor parte se importaba a través de una enorme y sofisticada cadena de suministro desde el granero del mundo, Egipto. El subsidio no era un servicio para los pobres. Por un lado, un nombre en el libro de cuentas era un activo que podía ser legado o vendido. Pero, más metafóricamente, era un símbolo de la relación del emperador con su pueblo, pues los ciudadanos inscritos en el registro representaban a todos los ciudadanos romanos, y se reunían anualmente para ratificar a los magistrados previamente elegidos por el Senado. Su voto legitimaba al emperador (que dirigía el Senado) y, a cambio, este gestionaba y cuidaba de su pueblo.

Parece que el imperio apenas consiguió equilibrar las cuentas. De hecho, es posible que nunca haya podido pagar por completo todas sus deudas. Decimos esto porque la moneda se devaluaba con regularidad, ya fuera haciendo las monedas más pequeñas, dándoles un valor nominal más alto o reduciendo el contenido de lingotes. Pero incluso esto falló hacia el final del imperio, cuando el ejército tuvo que pasar de la defensa a la guerra. En ese momento, las finanzas imperiales se colapsaron, como pronto veremos.

Los gobernadores de las provincias imperiales mantenían el orden, recaudaban los impuestos y dejaban que las ciudades gestionaran sus propios asuntos, con la excepción de que un ciudadano romano no podía ser azotado o ejecutado por un magistrado sin la aprobación del pueblo de Roma. Así pues, la mayoría de los habitantes de los márgenes del imperio no tenían motivos para interactuar con los funcionarios de Roma.

Sin embargo, esos súbditos sí interactuaban con la idea de Roma. Por ejemplo, cuando un soldado no ciudadano era dispensado, se le concedía la ciudadanía. También se concedía por etapas a los habitantes de las ciudades no romanas puestas bajo el control de Roma, lo que fomentaba una romanización voluntaria y casi inadvertida de esos lugares. Finalmente, bajo el emperador Antonino Pío, se concedió la ciudadanía a todas las personas libres del imperio porque, en términos prácticos, no era realista que un ciudadano pobre tuviera más privilegios que un extranjero rico no ciudadano. Es un hecho lamentable que los ricos suelen tener más derechos que los pobres en cualquier sociedad.

Los emperadores eran generalmente administradores. Existen muy pocos ejemplos de emperadores que intervengan en la vida social de los romanos, como cuando Augusto penalizó la falta de hijos o cuando Trajano estableció un programa en Italia para ayudar a las familias pobres a criar a sus hijos. Cuando un emperador adoptaba un enfoque más práctico, las cosas podían salir mal. Trajano, por ejemplo, emprendió personalmente una conquista que arrastró al imperio a la ruina.

Un emperador era divino porque, en el mundo politeísta grecorromano, se consideraba que cualquiera con poderes sobrenaturales era un dios. Hay una cierta lógica en esto. Un rey podía hacer cosas que la gente común no podía. Julio César vio el valor de esto y quiso ser conocido como un dios (se le concedió ese estatus, pero se le otorgó dos años después de su muerte). Augusto declinó el título y los honores, pero a su muerte se le concedieron a título póstumo. No obstante, los emperadores eran tratados como divinos y se les hacían libaciones con frecuencia en todo el imperio. Esto puede tener algo que ver con la necesidad de la gente de adorar algo más grande que ellos mismos. Ciertamente, era una forma de expresar una relación personal con el imperio. Sin embargo, un emperador divino todavía tenía que funcionar como un hombre, y algunos de los que siguieron a Augusto no eran tan buenos en eso.

Tiberio fue el primer sucesor de Augusto y ocupó el cargo desde el año 14 hasta el 37 de nuestra era. Carecía de la delicadeza y las extraordinarias habilidades del primer emperador para controlar el Senado sin aparentarlo, optando en cambio por la violencia. Antes de su mandato, solo los esclavos y los extranjeros podían ser castigados con la ejecución. A los ciudadanos culpables de delitos capitales se les permitía el exilio. Tiberio mandó ejecutar a los senadores que no cooperaban y maltratar sus cadáveres en público. Eran arrastrados con garfios hasta el Tíber y arrojados al río. Tiberio era un mal comunicador, y en lugar de gestionar activamente a sus gobernadores y administradores clave, tendía a responder solo si las cosas iban terriblemente mal. En el año 25 de la era cristiana, cansado de sus responsabilidades, Tiberio abandonó Roma para dirigirse a la isla de Capri, en la bahía de Nápoles, y nunca más volvió, aunque mantuvo el título de emperador hasta su muerte.

Le sucedió brevemente Cayo, hijo de Germánico y nieto adoptivo de Tiberio, que gobernó del 37 al 41 de nuestra era. Apodado Calígula, que significa "bota de soldado", este hombre era cruel, mortal y demente. El nuevo emperador ejecutó rápidamente a posibles rivales de su familia, incluyendo a su propio heredero, tomó las esposas de dos hombres para sí mismo, gastó grandes sumas de dinero en la construcción de un puente en la bahía de Nápoles, se vistió como un dios a partir del año 40, ordenó que se colocara una estatua de sí mismo como un dios en el templo de Jerusalén (el gobernador sirio retrasó diplomáticamente esa orden), y solo fue detenido cuando algunos miembros de la Guardia Pretoriana lo apuñalaron hasta la muerte, junto con su esposa y su hija de dos años en el año 41.

Los asesinos no tenían ningún plan de sucesión. Se consideraba que el imperio no podía volver a ser una república, ya que los magistrados habían quedado sin poder a lo largo de los años y el ejército era ahora leal al emperador en lugar de a los senadores o incluso a los mandos militares. No había herederos masculinos directos de Augusto con vida, así que la guardia tomó al tío de Cayo, Claudio, y lo aclamó como emperador.

Claudio fue emperador desde el año 41 hasta el 54 de la era cristiana, aunque algunos dicen que gobernaron sus esposas y esclavos liberados. Era físicamente deforme, pero era un académico y escribió historias hoy perdidas. Vio la necesidad de tener éxito militar, por lo que, desde el principio, empujó a las legiones a través de las fronteras de Roma en varios lugares y estuvo presente personalmente en las dos primeras semanas de una exitosa invasión de la parte baja de Gran Bretaña y Gales en el año 43 de la era cristiana.

De vuelta a Roma, su esposa adolescente le dio un hijo, al que llamó Británico para conmemorar esta campaña. Parece que no hizo mucho más por su marido y le fue abiertamente infiel. Claudio acabó por ejecutarla.

En el año 48, se casó con su sobrina, Agripina la Joven, hermana de Cayo (Calígula). Ella había estado casada, y su hijo en ese matrimonio era Lucio Domicio Enobarbo, tataranieto de Augusto, que era cuatro años mayor que Británico. Ella hizo que Claudio lo adoptara en el año 50 de la era cristiana, y su nombre cambió a Nerón Claudio César. Se convirtió en el heredero del trono.

Claudio tuvo una hija, y lo ideal hubiera sido que se casara con Nerón, pero la chica estaba comprometida. Agripina llevó la financiación de la chica a la corte y lo hizo exiliar. También hizo exiliar a una posible esposa de Claudio y la llevó al suicidio. Puso a hombres leales a cargo de la tutela de Nerón, y luego, en el año 53 de la era cristiana, hizo que Nerón se casara con la hija de trece años de Claudio, Octavia, aunque ninguno de los cónyuges se sentía atraído por el otro. Al año siguiente, se cree que Agripina alimentó al emperador Claudio con setas envenenadas en un banquete, y a su muerte, su hijo de diecisiete años se convirtió en emperador.

Según casi todas las medidas, el reinado de Nerón, que duró del 54 al 68 de nuestra era, fue un colapso del idealismo romano. Comenzó bastante bien, ya que su madre y sus tutores dirigían el estado para el adolescente. Pero después de cinco años, ese equipo se desmoronó, y Nerón se volvió contra ella. Un día, antes de que el hijo de Agripina, Británico, alcanzara la mayoría de edad y hubiera podido, en teoría, sustituir a Nerón, Británico fue misteriosamente envenenado y murió. Cuando Agripina criticó una aventura de Nerón, este intentó ahogarla en la bahía de Nápoles. Ella escapó (porque sabía nadar), pero no pudo evitar el segundo intento de Nerón. La acusó de traición y la ejecutó.

Nerón se involucró en la guerra en Oriente durante unos años, pero su preocupación no eran las artes marciales. En cambio, le gustaban mucho las artes culturales en una sociedad en la que la élite las despreciaba. Además, en lugar de guardarse esto para sí mismo, organizaba "juegos" artísticos y obligaba a las clases altas a unirse a él. Ignoraba o no se daba cuenta de cómo esto les repugnaba. Pero el asombro y los rencores se almacenaban tranquilamente en los bancos del Senado.

Entonces, en el caluroso verano del 64 d. C., el barrio central de Roma se incendió. Durante seis días, las brigadas de bomberos lucharon contra las llamas, pero su presión de agua era insuficiente, y se limitaron a observar el fuego. Debemos dar a Nerón el beneficio de la duda y descartar la historia de que tocó el violín durante el infierno. Y aunque más tarde construyó un palacio en el lugar que se quemó, esto por sí solo no demuestra que encendiera la cerilla. Acusó a los cristianos de hacerlo y mandó quemar vivos en la hoguera a varios de ellos. Esto ocurrió unos treinta y cinco años después de la muerte de Jesús, lo que indica que sus seguidores se habían extendido por Roma para entonces.

El descontento con Nerón se extendía entre los senadores y otras élites. Hubo complots y juicios por traición. Nerón persiguió y mató a los descendientes de Augusto, y empujó a los miembros de la familia imperial al suicidio. Acusó a su joven esposa, Octavia, de adulterio, pero no logró condenarla, por lo que se divorció de ella alegando esterilidad. Esto despertó la simpatía de las multitudes romanas por la joven, por lo que Nerón la exilió y asesinó en una isla remota.

En el año 66 de la era cristiana, viajó a Grecia y participó en concursos y actividades artísticas durante dos años, mientras ignoraba los informes de que la oposición estaba creciendo en Roma. Cuando finalmente regresó a Roma, desfiló por la ciudad en un simulacro de triunfo, donde las celebraciones de una victoria en la guerra fueron sustituidas por logros en las artes. Eso confundió la creencia y fue la gota que colmó el vaso. ¡El decadente emperador de Roma estaba pisoteando deliberadamente la sensibilidad romana! En el año 68, las legiones de la Galia y España se rebelaron. Fueron reprimidas, pero se corrió el rumor de que un comandante se había declarado emperador. Nerón huyó con la intención de llegar a la seguridad de Egipto, pero fue atrapado en una villa cerca de Roma por su guardia pretoriana, por lo que se suicidó.

El imperio se quedó repentinamente sin líder porque Nerón había matado a todos los descendientes del fundador de la dinastía. ¿Cómo se encontraría un nuevo emperador?

Primero, el gobernador de España, Galba, recibió el cargo. Tomó algunas decisiones impopulares al principio, pero su nombramiento demostró a los espectadores de la élite que si Galba podía llegar a ser emperador, ellos también podían. Así, tenemos "el año de los cuatro emperadores". Durante los años 68 y 69 de la era cristiana, cuatro hombres se hicieron con el título: Galba, Otho, Vitelio y Vespasiano. Solo Vespasiano no fue asesinado.

Vespasiano permaneció como emperador hasta el año 79 de la era cristiana. Era italiano pero no romano, y como no tenía ningún vínculo familiar con Augusto, formalizó su posición con un documento escrito por el que los ciudadanos de Roma daban a su emperador la autoridad para gobernar en su lugar. Esto funcionó. Por desgracia, Nerón había vaciado prácticamente las arcas imperiales, por lo que los regalos y el pago de la deuda de Vespasiano fueron necesariamente modestos. Fue visto como un tacaño. Sin embargo, era justo y benévolo, y estableció colonias para un gran número de tropas retiradas.

Tito, su hijo, tomó el relevo tras la muerte de Vespasiano en el 79, pero murió de una enfermedad apenas dos años después, en el 81. Aunque era simpático y generoso, no dejó ningún legado imperial importante, aunque sí pasa a la historia judía como el comandante que arrasó Jerusalén en el año 70 de la era cristiana.

Le siguió su hermano menor, Domiciano, que fue emperador del 81 al 96. Este gobernante era desconfiado, antipático, paranoico, quizás inseguro (exigía que se le diera una deferencia normalmente reservada a los dioses) y distante. Sin embargo, era un administrador competente, pero eligió relacionarse con el Senado a través de un pequeño grupo de senadores y funcionarios de menor rango en lugar de hablar directamente con todo el augusto cuerpo de élites. En una Roma con conciencia social, esto fue un error.

Al igual que su hermano mayor, había experimentado la guerra. Envió legiones al otro lado del Rin y contra una sublevación a lo largo del Danubio. A veces fue derrotado, pero también disfrutó de éxitos y, en ocasiones, estuvo presente personalmente en el frente. Domiciano veía conspiraciones por doquier, por lo que humillaba y ejecutaba a los hombres ante la más mínima sospecha, a menudo injustamente. Uno de sus últimos actos fue matar a su heredero, su propio primo. En ese momento, la familia se puso rápidamente en su contra antes de que él se pusiera en contra de más de ellos. Fue asesinado, quizás por su esposa, su guardaespaldas personal y/o sus libertos más cercanos.

La segunda dinastía de Roma terminó con él y planteó una seria cuestión. ¿Cómo podía el pueblo transferir pacíficamente el poder imperial a un emperador inadecuado? El Senado no tardó en dar su respuesta. Aprobaría y aplaudiría sonrientemente todas las acciones de un emperador, sin importar lo que fuera, a cambio de conservar los adornos del cargo. En un ambiente de aplausos o muerte, los senadores aplaudían.

Capítulo 7 - El gobierno de los soldados y los asesinos

Las actuaciones de los siguientes emperadores fueron una mezcla de intemperancia y arrogancia.

En el año 96, los militares sustituyeron inmediatamente al asesinado Domiciano por un anciano sin entidad, Marco Coceyo Nerva, de sesenta y seis años. Carecía de popularidad y autoridad, y fue incapaz de controlar un violento estallido de ejecuciones contra Domiciano y la destrucción sistemática de sus estatuas. Nerva tampoco tenía hijos, así que adoptó a un gobernador popular. Ambos nunca se conocieron, y el gobernador no mostró gratitud ni afecto cuando sucedió al viejo emperador tras su inesperada muerte en el 98.

El nuevo emperador era el simpático Marco Ulpio Trajano, de cuarenta y cinco años, al que recordamos mejor como Trajano. Militar de éxito y con respaldo popular en el Senado, amplió un programa de asistencia social con el que debió ganarse el favor de los pobres. Su plan seguía el modelo de los programas de asistencia privada que llevaban a cabo algunas personas ricas y de mentalidad pública en sus ciudades. Al igual que ellos, Trajano concedía subvenciones a las ciudades, que luego invertían el dinero y pasaban los intereses a las familias pobres en forma de ayudas sociales.

Trajano era un soldado. Durante años, dirigió campañas en Alemania y a través del Danubio. Esto iba en contra del consejo de Augusto de mantenerse dentro de las fronteras que había trazado años antes, y aunque Trajano puso en manos de los romanos grandes extensiones de tierra bárbara y botín, no pudo retenerlas. Durante su reinado también se produjo una revuelta judía que llevó a legiones y buenos comandantes a Chipre y a la costa de Egipto. Sin dejarse intimidar por la presión que décadas de guerra habían ejercido sobre los recursos, en el año 113, Trajano luchó en Armenia, luego en Partia, navegó por el Éufrates y arrastró sus barcos por tierra hasta el río Tigris, llevándose todo por delante hasta lavar finalmente sus armas en el golfo Pérsico. Pero, de nuevo, estas eran ganancias que Roma no podía mantener. Simplemente no había suficientes recursos. Así, Trajano se retiró, solo para morir en 117 en el camino de regreso a Italia.

Su heredero fue Trajano Adriano, el recién nombrado gobernador de Siria y un primo lejano de Trajano. Aunque tenían un parentesco lejano, Adriano, como se le conoció, era el único pariente masculino de Trajano. Adriano no había sido apadrinado abiertamente por el difunto emperador, pero rápidamente surgió la noticia de que Trajano lo había adoptado en su lecho de muerte, y Adriano fue proclamado sucesor en 117. Parece que hubo una importante oposición en Roma, pero cuatro ejecuciones resolvieron la cuestión.

Adriano era impopular en el Senado, al que debilitó separando formalmente la burocracia de la supervisión senatorial. Al hacerlo, abrió el camino a una monarquía absoluta en el corazón del imperio. Podía ser cruel y vengativo, pero era un ávido constructor con un gran interés por las artes, el diseño y la arquitectura, concretamente por los ejemplos artísticos y literarios de Grecia. De hecho, ¡decía que prefería estar en Atenas más que en Roma! Como para subrayar esto, Adriano gobernó su imperio visitando personalmente sus numerosas provincias y dirigiendo los asuntos cara a cara con sus gobernantes, un itinerario que le tuvo fuera de la capital durante la mitad de los veintiún años que gobernó.

Sin embargo, mantuvo una relación razonable con sus legiones, haciendo retroceder deliberadamente casi todos los avances militares de Trajano en el este, aunque fue necesario sofocar un persistente levantamiento judío. Esto había sido provocado en parte por su plan de reconstruir Jerusalén, que los romanos habían destruido unos sesenta años antes, y poner un templo a Júpiter Capitolino en el lugar donde se encontraba el templo judío. Con un ojo puesto en los recursos y una desgana general por ir a la guerra, Adriano abogó por limitar el imperio y marcó físicamente largas secciones de su frontera norte con murallas. Todavía podemos ver la que construyó en la cima de Britania.

Igualmente visible era su barba. Los emperadores anteriores a él habían estado bien afeitados, con la excepción de Nerón, pero a partir de Adriano se dejaron crecer la barba como signo de dignidad imperial. Durante algunos años, Adriano mantuvo una intensa relación con un joven que viajó con él a Egipto, donde se ahogó accidentalmente en el Nilo. Testigos presenciales afirman que el emperador "lloró como una mujer" por este hecho. Se recuperó lo suficiente como para establecer un culto religioso de tipo griego en torno al joven. Siguió siendo popular mucho después de la muerte de su benefactor, que se produjo en el año 138 tras varios años de mala salud.

Adriano dejó un problema dinástico; no había ningún hijo de su matrimonio con la pariente femenina más cercana a Trajano, y ya había ejecutado a un niño que podría haber sido su heredero natural. Fijó su atención en a Marco Annio Vero, de quince años, pero era demasiado joven para ser emperador en ese momento. Así que, en sus últimos meses, Adriano adoptó al senador Tito Aurelio Fulvo Boyonio Antonino, quien rápidamente adoptó a Marco Annio Vero, rebautizándolo como Marco Aurelio. Antonino, también conocido como Antonino Pío, se convirtió en emperador a la muerte de Adriano en 138. Tras veintitrés años de armonía con el Senado y de paz en el exterior, su aburrido y anodino gobierno terminó cuando falleció en 161. En ese momento, el muchacho que Adriano había favorecido años antes era el sucesor obvio, y fue proclamado emperador. Algunas cosas llevan su tiempo.

Recordamos a Marco Aurelio por un pequeño libro filosófico que escribió, conocido como *Meditaciones*, pero irónicamente, este hombre inteligente e inquieto pasó casi todo su tiempo como emperador dedicándose a la guerra. Primero se centró en el este, donde los partos se habían vuelto agresivos, enviando las legiones en el 162. Tuvieron cierto éxito, pero en el 165, los soldados cerca de la actual Bagdad contrajeron una enfermedad desconocida y contagiosa. Se extendió por las filas y los hombres empezaron a morir como moscas hasta el punto de que aquellas legiones estaban demasiado mermadas para defender las tierras que acababan de ocupar. Las tropas se retiraron, y la enfermedad se fue con ellas a los centros de un imperio indefenso, donde empezó a extenderse y a engullir a más romanos con un apetito y una velocidad feroces. La mayor plaga que el mundo antiguo haya visto jamás se cobraba, a veces, la vida de una de cada cuatro personas que atacaba. Ningún lugar estaba a salvo. Además, para aumentar la carga de trabajo imperial, en el año 167, las tribus germánicas empezaron a penetrar en el imperio a través del Rin y el Danubio, y el emperador tuvo que dirigir una guerra continua contra ellas hasta su muerte en marzo de 180.

Marco Aurelio tenía un hijo superviviente, Cómodo, de diecinueve años, y este joven se convirtió en emperador. En el plazo de un año, retiró los ejércitos de la lucha en el norte y disfrutó de doce años de paz en el imperio (gracias a una serie de afortunadas e imprevistas coincidencias) y de libertinaje en el palacio (instigado y dirigido por Cómodo). Como un loco irrefrenable, Cómodo se unió a esclavos y criminales en la arena para luchar contra gladiadores y fieras. Y aunque encargó un importante programa de construcción en Roma tras un gran incendio, también anunció que se había convertido en el dios Hércules. Hizo ejecutar a los senadores, rechazó un intento de asesinato por parte de su hermana y otras personas en el año 182, y solo se detuvo cuando su amante y sus funcionarios cercanos le dieron veneno y le hicieron morir estrangulado en el año 192.

Existía un heredero, pero fue apartado por la Guardia Pretoriana, que proclamó al hijo de un ex-esclavo, Pertinax, como nuevo emperador. Este nuevo gobernante era un antiguo gobernador de Britania y había sido leal a Cómodo. Controló el presupuesto estatal, exigió disciplina y mejoró el valor de la moneda. Nada de esto agradó a la Guardia Pretoriana, que realizó varios intentos fallidos de asesinar a "su" hombre. Por desgracia para Pertinax, tenía un hijo, lo que le impidió adoptar un poderoso mando del ejército y apuntalar su posición de la forma habitual. En consecuencia, Pertinax cayó en 193, como tantos otros antes que él, ante la daga de un asesino.

Cinco hombres saltaron para reclamar su asiento. Lucio Septimio Severo consiguió apartar al emperador en ejercicio, Didio Juliano, y hacerse con el trono. En 197, este norteafricano había matado o marginado a sus rivales en luchas desesperadas en la Galia, Italia y en todo el este. Supersticioso y, en ocasiones, violento y vengativo, comprendió instintivamente cómo gobernar sin que el Senado le impidiera hacerlo: bastaba con organizar un sucesor y dar dinero a las legiones. El poder de un emperador provenía de las espadas y las jabalinas del ejército, si los hombres eran leales. En el caso de Severo, solo le apoyaron hasta cierto punto. Severo hizo campaña y dirigió las tropas hasta su muerte en Britania en el año 211, y durante ese tiempo, tuvo que hacer frente a un estado de ánimo cada vez más independiente entre las legiones.

El número de soldados descontentos crecería cuando el hijo de Severo, el desequilibrado Antonino (más conocido como Caracalla), asesinó a su hermano, el otro heredero, y se convirtió en el único emperador en el 212. Este hombre violento y malhumorado también luchó contra las bestias en la arena de Roma para consternación y disgusto de su pueblo. Sin embargo, algo que sin duda le agradecieron fue el reconocimiento formal de la ciudadanía a todos los libertos del imperio. Esta fue la culminación de un cambio administrativo sensato que había comenzado bajo Augusto unos doscientos años antes. Sin embargo, fue uno de los pocos movimientos inteligentes que hizo Caracalla. A veces parecía caer en la demencia y se presentaba como Alejandro Magno. También condujo a las tropas a una humillante derrota en Partia y saqueó la importante ciudad portuaria egipcia de Alejandría, que Roma controlaba en realidad, porque su hermano asesinado seguía siendo popular allí, y el paranoico emperador sentía la necesidad de imponer su férreo gobierno a los inquietos egipcios. Aunque se identificó con el soldado ordinario y les aumentó la paga en un 50%, un grupo de oficiales lo mató en 217.

Estaban dirigidos por un abogado pretoriano con poca fama o importancia personal, Marco Opelio Macrino. Un vidente había profetizado que Macrino se convertiría en emperador, y Caracalla había oído hablar de ello. Era matar o morir, y Macrino se apresuró a cumplir la profecía.

En ese momento, un gran ejército romano seguía acampado en el este, por lo que Macrino lo dirigió contra los partos, pero descubrió que los orientales eran demasiado fuertes y se vio obligado a negociar una paz humillante. (¿Alguna vez aprenderían los emperadores romanos?) También negó a los nuevos reclutas del ejército el aumento de sueldo que les había dado Caracalla. Nada de esto sentó bien a las legiones, por lo que en 218, cuando un eclipse anunció el desagrado de los dioses y señaló un próximo cambio de gobernante, las tropas se volvieron contra su impopular emperador. Este huyó disfrazado de su base en Antioquía, pero fue capturado y asesinado.

Ese mismo año fue sustituido por el primo árabe de Caracalla, Vario Avito Basiano, de quince años de edad, sacerdote principal de un dios local de las montañas sirias, Heliogábalo. En 219 llegó a Roma, donde cambió su nombre por el de Marco Aurelio Antonino y se propuso cambiar la religión de la capital. El dios principal de

Roma, Júpiter, fue sustituido por Heliogábalo, representado por una alta piedra negra, y el adolescente pasó a ser conocido por la versión latinizada del nombre de la deidad: Heliogábalo. Rechazó la vestimenta latina, prefiriendo las sedosas túnicas de su sacerdocio. La administración no le interesaba, ya que las procesiones, la música y los bailes del culto a Heliogábalo ocupaban su tiempo y su atención. Se decía que su libertinaje era ilimitado, y aunque esto puede ser una exageración, las extrañas tradiciones religiosas árabes y la visión del mundo que introdujo en el corazón de Roma (como "casar" a su dios con los dioses romanos, y luego casarse él mismo con una virgen vestal que se resistía) alienaron a la élite, para la que estas acciones eran depravadas y extrañas.

Y contraatacaron. En el 222, estalló un motín mientras la familia imperial visitaba el campamento de la Guardia Pretoriana. Heliogábalo y su madre fueron asesinados misteriosamente y sus cuerpos fueron arrojados al Tíber. Su primo, Marco Aurelio Alejandro, de catorce años, fue inmediatamente proclamado emperador.

Alejandro era un latino hasta la médula. Cooperaba con el Senado y Roma le apreciaba. En 225, a la edad de diecisiete años, se casó, pero su madre pronto decidió que no le gustaba su novia. Pensando que la chica era demasiado influyente, la madre de Alejandro exilió a la joven y ejecutó a su padre. Y lo que es más escalofriante, a la Guardia Pretoriana no le gustaba la madre de su emperador y ejerció su fuerza bloqueando a Alejandro en cosas pequeñas y humillando a algunos de sus principales administradores.

Es posible que estuvieran probando el agua. Cuando Alejandro condujo a las legiones a derrotas en el este y luego a lo largo de la frontera entre el Rin y el Danubio en 230 y 234 y respondió a esas pérdidas con cobardía, sus frustradas tropas se rebelaron y proclamaron a su comandante como nuevo emperador en la primavera de 235. Este oficial los dirigió contra Alejandro y su ahora impotente madre y los mató a ambos.

Evidentemente, este ya no era el imperio seguro y pacífico establecido por Augusto unos 250 años antes. El emperador ya no era un gestor con sede en Roma que controlaba el Senado, recaudaba impuestos, pagaba al ejército y ampliaba los magníficos edificios públicos de Roma. Las fronteras ya no eran estáticas y vigiladas por un ejército sedentario dirigido por comandantes elegidos a dedo y leales al emperador. Y, lo que es más importante, esos jefes militares ya no eran elegidos entre las clases acomodadas de Roma, sino que ascendían en el escalafón por sus méritos. En los comedores del ejército, los campesinos daban órdenes a los hijos de la nobleza menos capaces y no tenían ningún interés en conservar las tradiciones de la república y del primer imperio. Los principios básicos de gobierno habían cambiado lentamente sin que nadie se diera cuenta. En los doscientos años siguientes se produjeron estos cambios, que iban a partir en dos todo el Imperio romano. Roma había declinado y estaba a punto de caer, como dijo Edward Gibbon de forma memorable.

Capítulo 8 - Retirada y opciones de reafirmación

La ruptura de la lealtad del ejército que tan fácilmente acabó con la vida de Marco Aurelio Alejandro (y de su desafortunada madre) llegó en el momento menos oportuno para Roma. Coincidió con una ráfaga sostenida de ataques por parte de los ejércitos bárbaros que inundaban el Rin y el Danubio, así como con la agresión de la nueva potencia de Oriente, los disciplinados persas. Las legiones estaban al límite, y no había suficiente dinero en las arcas de Roma para apoyar y sostener eficazmente décadas de guerra desesperada.

Y lo que es más grave, la moral militar seguía decayendo. En los siguientes cincuenta años se sucedieron los oficiales del ejército que conspiraron y asesinaron para llegar al poder. Los generales eran proclamados emperadores por sus tropas, luchaban contra comandantes rivales y luego eran asesinados por soldados desilusionados o descontentos (a veces de sus propias unidades). En varias ocasiones, dos o incluso tres emperadores autoproclamados intentaron gobernar al mismo tiempo. La locura reinaba y la inflación hacía estragos.

Este fue uno de los períodos más oscuros de Roma. Parecía que iba a terminar con un gobierno de veintiún años de un emperador reflexivo, pero a su salida, los hombres fuertes volvieron a enfrentarse entre sí, y siguieron treinta años de guerra civil hasta que Constantino se aseguró el imperio para sí mismo y lo cambió todo. La bienvenida a un siglo de caos.

Sus cinco primeras décadas pueden ser examinadas rápidamente mirando solo a los primeros emperadores, ya que su experiencia se convirtió en el patrón.

Como vimos, en la primavera de 235, en la actual Alemania, el general Cayo Julio Vero Maximino, hijo de un campesino, fue proclamado emperador por sus tropas. Aceptó el honor y rápidamente mató al emperador Alejandro en un encuentro unilateral.

Maximino volvió a su trabajo: matar a los bárbaros en el norte. Entonces, a finales de 237, estalló una revuelta en el extremo sur del imperio, en el norte de África, donde un padre y un hijo destacados fueron proclamados emperadores conjuntos a principios de 238. El imperio tenía ahora tres emperadores. Los dos norteafricanos fueron asesinados tres semanas después por las tropas leales a Maximino.

Estos acontecimientos desencadenaron rebeliones contra el antiguo general en Roma, tanto por parte de los ciudadanos como de los senadores. Dos ancianos administradores de alto rango en la ciudad fueron declarados emperadores conjuntos. Sin embargo, no todo el mundo estaba contento con esa selección y estallaron los disturbios. Maximino hizo bajar tropas para resolverlo, pero no pudo pasar por el norte de Italia y sus propias tropas lo asesinaron allí.

Entonces, la Guardia Pretoriana de Roma asesinó a los dos nuevos emperadores conjuntos e instaló a un niño de trece años como emperador. Era Marco Antonio Gordiano, el nieto del padre norteafricano que había sido asesinado unos meses antes. Los romanos llamaron a estos pocos meses de matanza el Año de los Seis Emperadores.

Desde el primer día, el joven Gordiano llevaba su armadura. Tribus germánicas, rebeldes norteafricanos y ejércitos persas se movieron contra él. En 242, se encontraba en el este con su ejército. Fue allí donde el joven de diecinueve años fue aparentemente asesinado a principios de 244 por sus propias tropas, tal vez manipulado por un administrador árabe recién nombrado llamado Marco Julio Filipo, quien fue entonces proclamado emperador.

En 249, otros dos hombres fueron proclamados emperadores en oposición a Filipo. Filipo consiguió matar al primero, pero fue asesinado en batalla por el segundo, Trajano Decio. Este nuevo emperador, Decio, murió en una batalla en el norte no más de dos años después.

Este tumulto continuó durante otros treinta y cinco años más o menos, ya que los sucesivos comandantes del ejército tomaron el poder utilizando los instrumentos probados de la daga legionaria y el caos político. La multiplicidad de emperadores era habitual. El estamento senatorial fue marginado, e incluso un campesino podía llegar a ser emperador. Ninguno de ellos contribuyó de forma significativa a Roma o al imperio, y todos ellos reinaron brevemente excepto uno. Este hombre fue Publio Licinio Egnacio Galieno, y fue emperador durante quince años. Sin embargo, se vio obligado a pasar todo su tiempo luchando contra invasores tribales y reclamantes rivales mientras los combatientes del norte atravesaban las debilitadas líneas de tropas romanas en el Rin.

Y las líneas eran débiles. Durante diez de esos quince años, los francos invadieron y saquearon la Galia casi a su antojo hasta España y África. En un momento dado, otros atravesaron los Alpes italianos. En el mar Negro, armadas de godos desembarcaron en las costas de la propia Asia Menor. Y todo el tiempo, los señores de la guerra romanos se establecieron en todos los lugares donde el alcance del emperador actual era débil.

Este imperio dividido se reunió brevemente bajo un solo mando en el año 270, cuando un antiguo campesino, el general Lucio Domicio Aureliano, fue proclamado emperador. Se fortaleció desalojando voluntariamente la gran provincia de Dacia, en el lado norte del Danubio, que había absorbido muchas tropas de ocupación desde que había sido tomada unos 170 años antes. Aureliano sometió decisivamente a la Galia y al Este con sus legiones y marcó sus éxitos sustituyendo la muralla septuagenaria de Roma por una nueva. Sin embargo, fracasó en un intento de reforma monetaria y fue asesinado en el 275.

En 284, otro general del ejército de baja cuna, Cayo Aurelio Valerio Diocleciano, subió al trono. Demostró ser un notable reformador. Lo conocemos como Diocleciano, y sustituyó con decisión la propia estructura del imperio que había sido diseñada más de 250 años antes por Augusto para tiempos y circunstancias muy diferentes. El sistema imperial de Augusto ya no sostenía el imperio, así que Diocleciano reorganizó las provincias de Roma, la burocracia que las gestionaba, su ejército y los impuestos imperiales. Conjuró una forma completamente nueva de ver al emperador dividiendo el poder imperial en cuatro y asignando una cuarta parte del imperio a cuatro emperadores que gobernaban simultáneamente al unísono. Fue deliberadamente no dinástico y se conoció como la Tetrarquía.

Diocleciano también llevó a cabo grandes campañas, bien financiadas, pero sin éxito, para exterminar al nuevo y creciente competidor religioso de los dioses romanos: El cristianismo. Y, excepcionalmente, después de servir veintiún años como emperador, ¡se retiró!

La idea de Diocleciano de la Tetrarquía resolvió el problema del control del ejército. Como hemos visto, los soldados ya no eran leales al emperador de Roma, al Senado y a las élites. Más bien, seguían a sus comandantes. Si un emperador enviaba legiones para enfrentarse a tribus invasoras en un frente lejano, su general podía verse tentado a dejarse proclamar emperador rival. Y muchos lo hicieron.

Cuando estallaron las hostilidades en múltiples frentes, este problema se agudizó. Así que Diocleciano nombró a un general de confianza y a dos de sus yernos como coemperadores. Estos cuatro fueron llamados tetrarcas y actuaron más bien como la junta directiva de un gran y poderoso consejo de administración comercial del siglo XXI. Cooperaban, pero asumían la responsabilidad de varias áreas bajo su control exclusivo para lograr un objetivo común. Este sistema funcionó. A finales de la década de 290, estos cuatro habían dirigido las legiones en todas las secciones de la frontera y habían asegurado la paz en todo el imperio.

Diocleciano solidificó esta tranquilidad con algunos cambios administrativos. No podemos dejar de admirar su capacidad y audacia como administrador, aunque los estudiosos de hoy pueden tener dudas sobre una táctica. Para fomentar la lealtad al emperador, Diocleciano aumentó el culto y el temor al hombre que estaba al mando. Por ejemplo, formalmente y públicamente, atribuyó su legitimidad al favor de los dioses y añadió rituales y ceremonias religiosas a su corte. También redujo en gran medida sus apariciones públicas, hizo que la gente se postrara ante él y solo concedió a unos pocos favorecidos el nuevo privilegio definitivo de besar el borde de su túnica púrpura.

Por otro lado, tendríamos pocas dudas sobre su sistema fiscal, que sustituyó a la desordenada recaudación de ingresos ad hoc del pasado. Lo basó en unidades flexibles de tierra y en quienes las cultivaban. Así, por ejemplo, en las regiones menos productivas, una unidad de tierra sería más grande que las de las zonas agrícolas ricas, y donde las mujeres trabajaban tradicionalmente la tierra, se registrarían como agricultoras sujetas a impuestos, pero no donde los hombres normalmente cultivaban. Este sistema era justo y podía ajustarse fácilmente en todo el imperio. Sin embargo, con el tiempo dio lugar a algunas prácticas social y económicamente insalubres, como la vinculación de los agricultores pobres a la tierra y las tendencias de impuestos y gastos que reconocemos hoy en día.

Diocleciano también duplicó el número de provincias romanas y restringió el poder de sus gobernadores para adaptarse mejor a la profesionalidad y eficiencia de sus legiones provinciales, que solían estar abiertas a las influencias de los gobernadores locales. Diocleciano también intentó obligar a los no romanos a adoptar las costumbres y normas sociales de Roma, como la antigua prohibición de casarse con parientes femeninos cercanos.

Esta nivelación cultural fue en parte el detonante de su feroz persecución de los cristianos, que ciertamente no iban a hacer en Roma lo mismo que los romanos. En el 299 y de nuevo en el 303, demolió edificios eclesiásticos, quemó libros, arrestó a clérigos, confiscó los tesoros de las iglesias y cerró el sistema judicial a los cristianos. Cortó la lengua a un líder de la iglesia y ejecutó a otros. Sin embargo, la nueva y vibrante fe ardía aún más, y en pocos años, el cristianismo sería declarado la fe oficial del imperio por el emperador Constantino (Flavio Valerio Constantino, el yerno del hijo adoptivo de Diocleciano).

Sin embargo, antes de esto, la paz y la eficacia del imperio de Diocleciano se desmoronaron en mayo de 305 cuando se retiró a su huerto en su tierra natal, la actual Croacia, donde murió en 311. Los tetrarcas restantes se enfrentaron entre sí con diplomacia y espadas.

El padre de Constantino era uno de estos tetrarcas, y cuando el anciano murió en el 306, el hijo se hizo con el puesto. Siendo ya un general experimentado, el joven Constantino se aseguró el oeste y el norte del imperio como base de poder personal. Allí se ganó el apoyo de la creciente comunidad cristiana al derogar las leyes de persecución y devolver a la iglesia las propiedades confiscadas por el Estado.

Luego, en la primavera del 312, llevó su ejército a Italia, se abrió camino hasta Roma y desafió a un tetrarca rival, su cuñado, fuera de las antiguas murallas. Se dice que esa noche tuvo un sueño que le animaba a luchar bajo la protección del Dios cristiano. Y así lo hizo. Antes de la batalla, sus hombres marcaron sus escudos con un símbolo religioso, y ganaron. El cuñado de Constantino se ahogó en el Tíber tratando de escapar. Por primera vez, las tropas romanas habían luchado bajo un estandarte cristiano.

Como era de esperar, Constantino fue entonces aclamado por los cristianos como un instrumento de Dios. Los cristianos del norte de África lo vieron como el jefe natural de la iglesia y le pidieron ayuda en una gran controversia: ¿cuál era la situación de los funcionarios de la iglesia que habían cooperado en la quema de textos religiosos en las persecuciones en África bajo Diocleciano unos años antes? Constantino convocó un concilio en Roma, que finalmente decidió a favor de la misericordia.

Durante este tiempo, Constantino también estaba ocupado luchando contra el tetrarca superviviente, que era otro cuñado. En el 316 y de nuevo en el 324, los dos lucharon. Constantino lo derrotó en su segundo intento en el norte de Grecia, y luego lo persiguió hasta la antigua ciudad de Bizancio. Cuando esta cayó, acorraló a su cuñado en el lado asiático del Bósforo, donde este negoció para conservar su vida con la ayuda de su esposa, hermanastra de Constantino. Constantino era ahora el emperador indiscutible, y solo el reinado de cuarenta años de Augusto era más largo.

Al año siguiente, Constantino organizó otro concilio, que decidiría que él era la cabeza indiscutible de la creciente iglesia. Un prominente sacerdote en Egipto, Arrio, estaba argumentando una posición teológicamente explosiva de que Cristo era distinto de Dios; de hecho, la idea había sido creada por él. Esto había dividido a la iglesia africana (¡de nuevo!), y unos trescientos de sus pensadores fueron a Nicea en el 325 para que Constantino se pronunciara. Este no presidió los debates, pero a menudo asistió personalmente a ellos y, desde luego, dio a conocer sus opiniones. Finalmente, se redactó un credo vinculante para los cristianos de todo el mundo, que fue aceptado con cierta reticencia por ambas partes gracias a las habilidades diplomáticas de Constantino. Este breve documento sobrevivió durante siglos como declaración central de la fe ortodoxa en Occidente y aún hoy es conocido por muchos. El arrianismo fue derrotado en el concilio, pero siguió siendo popular en las calles de Oriente.

Constantino era teológicamente capaz, pero ¿era sincero este "emperador cristiano"? Aunque fue abiertamente cruel y brutal en ocasiones, dio pruebas de su lealtad cristiana personal. Por ejemplo, se identificó abiertamente con la fe a partir del año 312, cuando tuvo ese sueño fuera de Roma. Además, escribió a menudo sobre Dios, intentó (sin éxito) prohibir los juegos de gladiadores anticristianos y los antiguos sacrificios romanos, cambió las leyes sobre el matrimonio y el divorcio para adaptarlas a la Iglesia, construyó iglesias y donó propiedades a los cristianos, hizo generosos regalos en metálico a los conversos destacados y se bautizó en su lecho de muerte, momento en el que el cristianismo fue reconocido y apoyado por el Estado.

También introdujo cambios en los pasillos administrativos de su imperio, haciendo posible que los germanos se alistaran en las legiones e incluso llegaran a ser generales. Como buen comandante, reinstauró una estrategia anterior que consistía en utilizar las mejores tropas como escuadrones volantes de retaguardia capaces de responder rápidamente a cualquier incursión a lo largo de la larga frontera de Roma. Los senadores volvieron a tener un estatus y una relevancia real.

Pero lo que mejor recordamos de Constantino es su construcción de la nueva ciudad de Constantinopla, la actual Estambul. Los emperadores habían elegido durante mucho tiempo vivir fuera de Roma, así que no era extraño que construyera una ciudad en el centro geográfico del rico Imperio de Oriente y pusiera allí su residencia. Este lugar, en la orilla europea del Bósforo, era un centro de comercio natural, a mano de los combates tanto a lo largo del Bajo Danubio como en Persia, y situado en una península, lo que lo hacía inexpugnable si una armada podía mantener el mar. Constantino ofreció atractivos incentivos fiscales a los posibles residentes y trasladó allí a sus burócratas. Era un lugar muy cristiano. La anterior ciudad griega de Bizancio había estado allí, pero ningún templo pagano la había desfigurado. Cuando terminó la enorme muralla defensiva del norte, dedicó su nueva ciudad en mayo de 330 en el día de un santo mártir que murió en una de las persecuciones de Diocleciano. ¡Dios había triunfado!

Sin embargo, la divinidad no asistió a la sucesión del emperador. En el año 326, a la edad de cincuenta y cinco años, Constantino ejecutó a su hijo mayor y quizás ordenó la muerte de su segunda esposa poco después. Sus otros hijos eran demasiado jóvenes para gobernar solos, así que los puso a ellos y a uno de sus sobrinos a cargo de pequeñas partes del imperio con él mismo en el control general. Esto sugiere que esperaba establecer una dinastía después de los años de destrucción y robo que siguieron al retiro de Diocleciano. En el fondo, debía de saber que este acuerdo no sobreviviría después de él, pero eso fue todo lo que pudo establecer cuando murió en el 337 tras una corta enfermedad.

Capítulo 9 – Los bárbaros a las puertas

Tras la muerte de Constantino, lo primero que hicieron sus tres hijos fue asesinar a todos los parientes de su padre que pudieron encontrar. A continuación, se dedicaron a imponer su teología cristiana a los cristianos del imperio y a luchar entre ellos. El último hermano en pie fue el hijo medio, Flavio Julio Constancio, que pasó su reinado en batallas fronterizas y murió de enfermedad en el 361 mientras marchaba con sus tropas a los Balcanes para enfrentarse a Flavio Claudio Juliano, un exitoso administrador y general, cuyas tropas le habían proclamado emperador rival el año anterior. Hoy en día, Flavio Julio Constancio es recordado como Juliano.

Juliano estaba emparentado con Constantino y de alguna manera había sobrevivido a la purga del 337. Fascinado por los días de gloria de Grecia, se convirtió en un acérrimo seguidor de los dioses y la religión griega, pero mezcló la tolerancia y el ascetismo cristianos en sus creencias. Juliano fue el único emperador pagano después de Constantino, y pasó su corto reinado reabriendo templos de la antigua religión romana y reduciendo la influencia cristiana. Murió junto con miles de sus tropas durante una desastrosa retirada de Persia en 363. El general que fue nombrado rápidamente emperador después de él solo consiguió poner a salvo a las tropas entregando ciudades y cinco provincias a los persas antes de morir en circunstancias misteriosas unos meses después.

Esta erosión de la grandeza imperial continuó. Dos hermanos de mediana edad, Flavio Valentiniano y Flavio Valente, se convirtieron en emperadores conjuntos con la bendición del ejército en 364. Procedían de una estirpe campesina, por lo que desconfiaban de las élites cultas y reclutaban y promocionaban a hombres como ellos.

Valentiniano (como lo llamamos nosotros) permitió que los funcionarios con muchos años de servicio se convirtieran automáticamente en senadores, aunque fueran generales germanos sin formación. Ambos hermanos eran cristianos. Pero mientras el moderado Valentiniano permitía los sacrificios paganos, diciendo: «La tradición de un hombre no es un delito», y defendía el Credo Niceno, la actitud y la teología de Valente eran totalmente diferentes. Exigía a su pueblo que creyera en el arrianismo y era muy duro con los que se negaban. Se dice que ambos hermanos eran desagradables, y al parecer Valentiniano murió en un ataque de apoplejía y rabia al discrepar violentamente con un enviado bárbaro en el año 375.

Valente tomó entonces dos malas decisiones, y ambas implicaban a estos bárbaros del norte. En primer lugar, en 376, el emperador permitió que un gran grupo de visigodos se refugiara en tierras romanas al sur del Danubio. A cambio, aceptaron enviar tropas a las legiones. Los corruptos administradores imperiales locales gestionaron mal esta migración masiva, y los godos se lanzaron a un furioso ataque. En segundo lugar, en el año 378, Valente se movilizó para detener el saqueo y la destrucción, pero todo su ejército fue rodeado cerca del mar Negro y aniquilado. Murió en la lucha, aunque su cuerpo nunca fue encontrado. Su sobrino de diecinueve años, Flavio Graciano, quedó como único emperador.

Conocido como Graciano, al principio fue tolerante con las religiones paganas, pero fue presionado teológicamente por el obispo de Milán, Ambrosio. En el año 381, Graciano convocó un concilio eclesiástico en Constantinopla en el que hizo oficial el Credo de Nicea, vinculante para los cristianos de todo el mundo; de este modo, el joven emperador puso fin formalmente al debate arriano. Su vida también estaba a punto de terminar. En el año 383, el comandante Magno Máximo fue proclamado emperador rival por sus tropas en Britania. Graciano se apresuró a enfrentarse a él en la Galia, solo para ser abandonado por sus legiones. Fue capturado y ejecutado por Máximo.

El lugar de Graciano fue pronto ocupado por Teodosio, a quien Graciano había convertido en emperador conjunto en el 379. Pero también había un tercer emperador, Flavio Valentiniano (lo llamamos Valentiniano II), que había sido proclamado emperador conjunto siendo un niño de cuatro años por un grupo de poderosos funcionarios en el año 375, después de que su padre hubiera muerto en ese arrebato de ira.

No había espacio suficiente para los tres gobernantes. Al principio, Teodosio estaba ocupado sobre todo en intentar conseguir un tratado con los agresivos persas, pero bloqueó temporalmente los pasos de los Alpes italianos e impidió que Máximo atacara a Valentiniano II en Italia. Máximo consiguió finalmente abrirse paso en 387, y el joven Valentiniano II huyó. Para entonces, las negociaciones con los persas habían concluido, y Roma volvió a conceder un vasto territorio, y Teodosio se enfrentó a Máximo y lo mató en el 388. El siguiente en morir fue Valentiniano II, de veintiún años, que apareció ahorcado en 392. Los funcionarios que lo anunciaron lo calificaron de "suicidio muy lamentado".

Teodosio tenía que enfrentarse a otro contendiente, lo que hizo en el 394, pero murió al año siguiente, dejando el imperio a sus dos hijos adolescentes totalmente inadecuados.

Nadie podía imaginar lo que iba a suceder en los siguientes ochenta años. En el periodo de una larga vida, las tribus germánicas invadieron toda la Galia, Gran Bretaña, España, el norte de África y las cuencas del Rin y del Danubio, estableciendo reinos independientes permanentes. El Imperio romano de Occidente prácticamente desapareció.

Cómo sucedió esto y por qué esos mismos miembros de las tribus no fueron capaces de apoderarse simultáneamente del Imperio de Oriente puede atribuirse a cuatro factores: las presiones migratorias, la geografía, las estrategias de reclutamiento militar y la lealtad al gobierno central de Roma. Echando gasolina a esta hoguera estaban los señores de la guerra y los generales que realmente dirigían el imperio en este periodo, aunque Roma y Constantinopla eran las sedes de emperadores a menudo derrocados.

Las migraciones aumentaron a partir de la muerte de Teodosio. Las tribus de Asia central se pusieron en marcha, y se produjo un gigantesco e irresistible efecto dominó que derramó oleada tras oleada de emigrantes hacia la Galia y, finalmente, hacia España y el norte de África. Esto ya había sucedido antes, pero ahora, se hizo imparable por un círculo vicioso, ya que estas tribus tomaron una franja de tierra romana. El imperio disponía de menos recursos para defender las tierras adyacentes, que también fueron a parar a las tribus, lo que dejó a Roma con aún menos hombres y finanzas para intentar detener el lento tsunami.

La geografía desempeñó un papel igualmente importante. Era menos exigente migrar hacia el Rin y el Danubio, luego hacia la Galia (donde la población había disminuido considerablemente, dejando tierras vacantes para acaparar) y hacia el sur, hacia España y más allá, que atravesar desde Asia central hacia Asia Menor. Además, el Imperio de Oriente solo tenía que luchar por los Balcanes y podía contar con la protección del mar Negro y el Bósforo. Además, el resto del este estaba sometido. Además, Egipto y, hasta cierto punto, Siria eran los ricos graneros del Mediterráneo, y desde allí, el grano y los impuestos llegaban a Constantinopla. Los emperadores orientales podían pagar mercenarios de las diferentes etnias que gobernaban y bloquear cualquier migración desde el norte.

Los mercenarios también habían sido reclutados en las legiones occidentales, como hemos visto. En el pasado, servían al emperador como parte del ejército romano total. Ahora, grandes cuerpos de tribus germánicas se unían a los ejércitos romanos como unidades independientes que recibían órdenes de sus propios comandantes germanos que luchaban junto a los romanos. Los recursos militares se redujeron y la autoridad de Roma en las provincias se debilitó. Los soldados obedecían a sus comandantes en lugar de al emperador, y las legiones se convirtieron en un caldo de cultivo cada vez más incontrolable para los ambiciosos aspirantes a emperadores, que fueron muchos.

El cuarto factor es menos visible, pero igual de relevante. Los grandes terratenientes solían ser la columna vertebral del imperio. Pero a estas alturas, su influencia había sido eliminada por las reformas de Diocleciano y Constantino. Los terratenientes más ricos tenían voz y voto en los pequeños asuntos provinciales, pero ya no se convertían automáticamente en los principales funcionarios, soldados y generales, por lo que tendían a retirarse y centrarse en su propia prosperidad, que dependía de mantener buenas relaciones con quien dirigía su provincia. A la élite de fuera de Italia no le importaba si esa persona era un caudillo germano o un emperador en Roma. Ellos eran independientes.

Los señores de la guerra eran igualmente independientes. Vamos a rastrear la influencia y las muertes de solo un puñado de ellos para hacernos una idea de estas brutales ocho décadas en las que los hombres fuertes tenían a menudo más poder que su emperador.

Flavio Estilicón es el primero en aparecer en la historia. Un soldado medio germano, afirmó que el emperador Teodosio le había nombrado tutor de los jóvenes que se convirtieron en emperadores conjuntos en el año 395 a la muerte de su padre. Esto fue impugnado, pero con esa reclamación, Estilicón se convirtió en una figura poderosa durante unos trece años. Se instaló en Italia con un joven emperador conjunto, Flavio Honorio, y desde allí organizó que un germano matara a un tutor rival que protegía al hijo mayor de Teodosio en Constantinopla. Pero ese rival fue sustituido inmediatamente por un eunuco de la corte y antiguo esclavo que, durante cuatro años, hasta su ejecución, fue capaz de proteger y manipular al emperador oriental.

De todos modos, Estilicón tenía mucho que hacer, ya que los godos, bajo su rey Alarico, merodeaban por los Balcanes, Grecia y el norte de Italia. Los recursos militares de Roma estaban bajo gran presión, pero Estilicón estaba consumido por su ambición de controlar a los dos emperadores conjuntos ya adultos. Por eso, cuando una enorme fuerza de tribus invadió la Galia el último día del año 406, retiró sus tropas de Occidente y abandonó esa región a su suerte. Las tribus procedieron a incursionar allí a su antojo.

Estilicón se las arregló para mantenerlos fuera de Italia convenciendo al Senado romano de que pagara un enorme rescate, y durante los siguientes dieciocho meses, dirigió su atención a Constantinopla. Allí atacó a los suyos hasta que, exasperados, los oficiales antigermánicos lo ejecutaron en el año 408 con el apoyo de su pupilo, Honorio, de vuelta en Italia. Estilicón había cometido el error fatal de pensar que podía confiar en ese joven emperador conjunto. Después de todo, el joven era el yerno de Estilicón. Honorio siguió adelante sin la ayuda de su tutor y reinó durante treinta años, durante los cuales Occidente se escurrió casi por completo de las manos de Roma.

Hubo matanzas de rivales en todas partes. En Britania, tres soldados se proclamaron emperadores en el año 407. Dos fueron asesinados, y el superviviente llevó tropas a la Galia y a España, intentando tomar esa región para sí mismo. Los godos también estaban matando gente. Los visigodos penetraron en Italia y, en el año 410, abrieron una brecha en las murallas de Roma. Saquearon la ciudad durante varios días. Al año siguiente, Flavio Constancio (Constancio III) recibió el encargo de retomar la Galia y España, y así lo hizo. Un incansable y exitoso soldado, se casó con la realeza y se convirtió en el padre de Valentiniano III (más sobre él en breve). Constancio III sería nombrado emperador conjunto durante unos meses antes de morir inesperadamente de una enfermedad en el año 421.

Pero las tribus estaban organizadas y eran militantes, y hacia el año 413, un grupo estableció un reino en el norte de la Galia, al que el imperio se vio obligado a reconocer oficialmente. En cuanto a Gran Bretaña, no se prestó tanta atención al otro lado del canal, y aunque no existen registros, está claro que en cien años las tropas imperiales ya no estaban presentes. Sin embargo, los anglos y los sajones sí lo estaban, y asaltaban y saqueaban toda Inglaterra a su antojo.

Un visigodo capaz y prudente fue elegido rey por los miembros de su tribu en España en el año 415. Se llamaba Wallia y, aunque solo gobernó tres años, consiguió un tratado con Roma y luchó por el imperio en España. Por ello, se concedió a su tribu un atractivo estado semiindependiente en el suroeste de Francia. El emperador Honorio exigió a los terratenientes romanos de la zona que entregaran dos tercios de sus tierras a los visigodos y que agradecieran que les dejaran al menos un tercio. El nieto de Wallia fue el romanizado Flavio Ricimero, que llegó a controlar toda la Galia y España durante más de diez años.

La siguiente figura de nuestra historia solo merece un lugar por la duración de su reinado. Plácido Valentiniano (al que la historia conoce como Valentiniano III) fue emperador durante treinta años, comenzando como un niño de seis años, y no consiguió prácticamente nada, a no ser que contemos la constante relajación del control romano sobre el Imperio de Occidente.

Le hacían sombra dos generales, Aecio y Bonifacio, que habían sido nombrados por la madre del niño, pero que acabaron siendo muy independientes de ella y de su hijo. Aecio demostró sus credenciales militares en la Galia. Gracias a su fuerza, fue nombrado general en el año 429. Al año siguiente asesinó a su predecesor y pasó los siguientes cinco o seis años ocupándose de los problemas de la Galia y asegurando Italia para sí mismo.

Mientras tanto, Bonifacio llegó al poder gracias a una serie de derrotas militares y alianzas dudosas. Había sido nombrado comandante local en el norte de África, pero nunca se ganó la confianza de los altos cargos imperiales. Cuando rechazó su orden de volver a Italia, enviaron legiones contra él. Las derrotó, pero no pudo repetir la actuación contra los godos, que los mismos funcionarios enviaron al año siguiente. El ejército tribal capturó importantes ciudades e incluso pudo haber apresado a Bonifacio, pero este apeló a los vándalos que ocupaban el sur de España, ofreciéndoles dividir el norte de África con ellos si le ayudaban.

Su rey, Genserico, aceptó. En el año 429, unos ochenta mil vándalos cruzaron el Mediterráneo, pero rápidamente rompieron el acuerdo y se ayudaron a sí mismos más que a Bonifacio. Saquearon la costa de Argelia, asediaron a Bonifacio en Hipona durante un año, dominaron a un ejército de socorro enviado desde Italia (en esta batalla, Bonifacio se escabulló de vuelta a Europa, donde más tarde murió de enfermedad), tomaron Cartago, e incluso se prepararon para invadir la propia Italia. También hicieron y luego incumplieron otro acuerdo con los romanos, y evitaron un serio ataque naval enviado desde Constantinopla.

En el año 440, los vándalos se habían asegurado un férreo control sobre el norte de África que duraría cien años. Expulsaron a los terratenientes romanos, marginaron a la aristocracia local y rechazaron la cultura romana. Los vándalos eran cristianos, pero defendían las doctrinas arrianas y perseguían a los seguidores de la versión italiana de la fe.

Aecio sobrevivió a Bonifacio, por lo que ahora controlaba Italia y al emperador. Sin embargo, su poder fue puesto a prueba por las tribus germánicas de la Galia. Durante años, luchó contra repetidas invasiones a través del Rin. (Incluso tuvo que hacer frente a una propuesta de Atila el Huno, que quería casarse con la hermana mayor del emperador Valentiniano III y recibir la mitad de la Galia como dote). Pero el dominio de Aecio sobre el emperador se desvaneció a finales de 454, y el propio Valentiniano III asesinó al comandante que lo había dominado toda su vida. Unos meses más tarde, el emperador fue asesinado por un senador ambicioso y celoso, y se desató el caos.

El imperio se tambaleó. Los vándalos aprovecharon la oportunidad y lanzaron sus barcos desde África. El rey Genserico llegó a las puertas de Roma. El obispo de Roma se reunió con él y pidió a los miembros de la tribu que se abstuvieran de matar. Ellos aceptaron y realmente cumplieron su palabra. Durante dos semanas, la ciudad fue metódicamente saqueada. Se llevaron a la viuda del emperador y a sus dos hijas. Una de las hijas, Eudoxia, fue obligada a casarse con el hijo de Genserico, pero su hermana y su madre fueron finalmente enviadas a la seguridad de Constantinopla. La palabra "vándalo" puede estar injustamente manchada.

El hombre que presidió la decisiva y definitiva pérdida del Imperio de Occidente aparece ahora en nuestra historia. Se trata de Flavio Ricimero, un comandante de éxito (no es ninguna sorpresa) y nieto de Wallia, el visigodo que había negociado un reino seguro e independiente para su pueblo en el suroeste de Francia unos cuarenta años antes. En el año 461, ya tenía el suficiente control de Italia y de sus tropas como para asesinar a un compañero general que había sido proclamado emperador cuatro años antes. Durante diez años, Ricimero instalaría una serie de débiles como emperadores.

Los visigodos, los hunos y los vándalos siguieron luchando contra las legiones por tierra en la Galia y en alta mar. La línea de mando y la disciplina del ejército desde Italia eran débiles, y los comandantes de campo podían ser ignorados o socavados. Un comandante romano que había sido humillado en Sicilia se marchó a los Balcanes y estableció una base independiente y hostil protegida por el emperador de Oriente. El astuto rey vándalo, Genserico, continuó desempeñando un papel, reclamando la propiedad del difunto

Valentiniano III como dote para el matrimonio de su hijo con la hija del antiguo emperador, Eudoxia, y utilizando la negativa como excusa para más combates. Sería risible si no fuera grave.

Una flota romana enormemente costosa atacó a los vándalos de Genserico en el mar en 468. Los barcos de Roma fueron hundidos en una derrota que trajo una gran deuda y aún más humillación. El Oeste se estaba escapando del control de Roma. Los visigodos ocupaban ahora cómodamente la Galia y gran parte de España, y los vándalos el norte de África. Solo Italia seguía siendo "romana", aunque la mayoría de los generales imperiales eran en realidad germanos. En el año 472, Ricimero rechazó un intento de derrocarlo y ocupó la ciudad de Roma, pero luego murió.

Se proclamaron emperadores y fueron rápidamente depuestos hasta el 475, cuando un niño italiano recibió el título. Era un título vacío. Los germanos controlaban realmente Italia. El niño, Rómulo, fue irónicamente apodado. En lugar de Augusto, el pueblo usaba Augustulus, que significa "Pequeño Augusto". Los soldados enviaron al niño a sus parientes en 476. Los ostrogodos arrasaron con la confusión y tomaron Italia como propia. Para entonces, el Imperio de Occidente ya no estaba unido ni era romano.

Capítulo 10 - Descenso al punto de desaparición

Nuestro drama se sitúa ahora en el punto de desaparición del Imperio de Occidente. Desde el año 476, aproximadamente, no era más que un recuerdo y la materia de las historias de guerra contadas por los miembros de las tribus germánicas que lo habían conquistado.

Sin embargo, el Imperio de Oriente seguía vivo. Los emperadores se sentaron en Constantinopla durante otros mil años, aunque su alcance se redujo y debilitó rápidamente, y su imperio se transformó en una entidad de base griega que ahora llamamos Bizancio. Aparte de un puñado de largos reinados, no hay casi nada importante que contar hasta 1453, cuando los ejércitos árabes irrumpieron en el último rincón del Imperio de Oriente y lo extinguieron, al igual que aquellos ostrogodos que irrumpieron en Italia en aquel fatídico año 476.

Sin embargo, vamos a contar la historia de Constantinopla, comenzando en el año 395, cuando el emperador Teodosio murió y sus dos hijos fueron nombrados emperadores conjuntos: Flavio Honorio gobernando la parte occidental y Flavio Arcadio heredando la oriental.

El nuevo emperador de Oriente, Arcadio, de dieciocho años, no pudo hacerse cargo. Durante los trece años de su reinado, fue manipulado por una serie de ambiciosos infiltrados, entre los que se encontraba un antiguo esclavo y eunuco, Eutropio, al que el emperador llamó más tarde "monstruo asqueroso" y mandó ejecutar. Entre ellos, estos asesores rivales mantuvieron a los hunos algo a raya al norte del Imperio de Oriente. Y todos ellos hicieron la vista gorda en el año 400 d. C. cuando los ciudadanos de Constantinopla atacaron a sus vecinos cristianos visigodos en las calles de la ciudad en un frenesí de disturbios antigermánicos que dejó unos siete mil de estos extranjeros muertos. Su emperador títere estaba más interesado en su propia piedad que en la seguridad de las fronteras, y en el año 399 emitió una orden de demolición de los templos paganos. Pero poco más había logrado cuando murió de causas naturales en el 408.

Su único hijo, el infante Teodosio II, fue rápidamente proclamado emperador, y gobernó durante más de cuarenta años. Con la ayuda de los guardianes y luego por iniciativa propia, utilizó los pagos de oro para mantener a raya a las tribus germánicas que se acercaban a Constantinopla. Por supuesto, esto nunca iba a funcionar a largo plazo. Las exigencias germánicas aumentaron constantemente y, finalmente, Atila el Huno se apoderó de grandes extensiones de territorio. Sin embargo, el emperador hizo un tratado de paz con Persia a lo largo de su frontera oriental, resolvió un importante problema de impuestos y construyó una muralla en los suburbios del norte de Constantinopla, que permaneció inexpugnable durante un milenio.

Teodosio II tenía un sentido de su imperio. Encargó un amplio estudio de nueve años sobre todas las decisiones imperiales desde Constantino y publicó los resultados en 438. Fue el primer intento exhaustivo de codificar el derecho romano en unos 150 años, y constituyó la base de la gran obra de Justiniano I unos 100 años después. También presidió feroces debates teológicos sobre la naturaleza de Cristo. Fueron arcanos, pero lo suficientemente importantes en la mente de los obispos de la iglesia como para dividir a Oriente de lo que quedaba del Imperio de Occidente y alienar a la gran comunidad cristiana de Siria y Egipto. Desde entonces, las congregaciones latinas, griegas y coptas se vieron afectadas por ello.

Teodosio II murió inesperadamente en 450 en un accidente de equitación y fue sucedido por el administrador militar Marciano, que contaba con el apoyo de un prominente general germano y hacedor de reyes, Flavio Ardabur Aspar, y de la hermana del difunto emperador, que llegó a casarse con el nuevo emperador.

Marciano tuvo un gobierno corto, popular y exitoso, durante el cual jugó duro con los hunos y otras tribus germánicas del norte y con los teólogos y obispos de Siria y Egipto. Cabe destacar que formalizó la anterior ocupación de tierras al sur del Danubio por parte de los ostrogodos a cambio de servicio militar, lo que trajo la paz a la región. Además, hizo grandes recortes en el gasto público y en la corrupción, y por estos medios, en lugar de limitarse a aumentar los impuestos, dejó rebosante el tesoro que había encontrado vacío al llegar al cargo cuando murió en el 457 de una enfermedad.

El astuto germano Aspar volvió entonces a ser el hacedor de reyes, colocando en el trono a una persona que no era de sus contactos militares. Ese nuevo gobernante fue León I, que se fue independizando del germano que lo había llevado al poder. Finalmente, mandó ejecutar a Aspar y a su familia. León I murió de disentería en el año 474, habiendo realizado pocos logros duraderos.

Vamos a avanzar un poco hasta el punto álgido de este periodo. Flavio Pedro Sabacio Justiniano, al que conocemos como Justiniano, parece haber nacido en un hogar campesino. Pero su tío era un oficial militar en ascenso, y adoptó al niño, lo llevó a Constantinopla y se aseguró de que Justiniano tuviera todas las oportunidades educativas y militares. Cuando el tío maniobró para convertirse en emperador, Justiniano se encontró en los pasillos del poder. Puede que incluso tuviera en sus manos algunas de las palancas del imperio, ya que cuando el anciano se vio lentamente superado por la demencia,

Justiniano se convirtió en un consejero cada vez más cercano. Tras nueve años en el poder, el tío murió y Justiniano fue proclamado emperador en 527.

Este nuevo gobernante, capaz y enérgico, se puso en marcha y fue conocido como el Emperador que nunca duerme. Una de las primeras cosas que hizo fue autorizar al jurista Triboniano para que dirigiera un equipo de diez expertos y treinta y nueve escribas que evaluaran y organizaran cientos de años de derecho romano que habían sido registrados desordenadamente en varios miles de libros de derecho, recopilaran extractos de las mejores opiniones legales del imperio y escribieran una guía y un libro de texto para jueces, abogados y estudiantes de derecho. Esto nunca se había intentado antes, quizás porque era una tarea de enormes proporciones. Pero ordenar y codificar los miles de decretos imperiales, leyes y las mejores opiniones de juristas anteriores era definitivamente necesario para aclarar, armonizar, actualizar y corregir las leyes existentes y permitir que los tribunales trabajaran más rápido.

El primer borrador del enorme *Corpus Juris Civilis* se publicó en 529, y el proyecto completo de casi un millón de palabras se dio a conocer en latín en 534. Poco después se añadió otra parte (esta segunda parte estaba en griego, la lengua del pueblo llano.) Esta colección organizada y sistemática de leyes y opiniones jurídicas se convirtió en el derecho romano durante los siguientes mil años. Los árabes musulmanes lo descartaron cuando tomaron Constantinopla, pero con el tiempo, los eruditos y juristas medievales de Italia y luego de toda Europa se dieron cuenta de que era un marco legal mejor para sus crecientes pueblos, ciudades e iglesias que las tradiciones orales ad hoc que habían heredado cuando las tribus germánicas invadieron el Imperio romano de Occidente. Hoy en día, el derecho internacional está muy influenciado por el trabajo del equipo de Triboniano, y el *Corpus* es el documento fundacional del derecho occidental.

Mientras los eruditos se inclinaban sobre sus libros, Justiniano se ocupaba de una guerra contra Persia que había heredado. Sus comandantes y embajadores estaban ocupados desde Mesopotamia hasta Yemen e incluso Etiopía, y aseguraron la paz en el este mediante modestos éxitos militares y un gran pago de oro por parte de los romanos en 532 (el acuerdo no tardó en romperse, ya que los persas declararon las hostilidades ocho años después y lucharon hasta el 562, hasta que se dieron cuenta de que ninguno de los dos bandos avanzaba y más oro cambió de manos).

Entonces, en 533, Justiniano envió a su mejor general al norte de África, que los vándalos habían tomado cien años antes. Una flota de casi cien barcos de guerra y quinientos buques de transporte desembarcó al general Belisario y a quince mil hombres sin ser observados. Tomados por sorpresa, los vándalos fueron arrollados y su rey fue enviado como prisionero a Constantinopla. La ciudad de Cartago fue retomada y la costa del norte de África quedó asegurada en 534.

La reconquista de Italia llevó más tiempo. Belisario y otro general, Narsés, intentaron recuperarla de los ostrogodos con un éxito desigual. La ciudad de Roma fue tomada, perdida y vuelta a tomar. En la primavera del 540, Belisario tenía sus tropas concentradas frente a las murallas de la ciudad de Rávena, que los godos habían convertido en su capital italiana. Los ostrogodos hicieron una oferta. Proclamarían al general emperador de Occidente si abandonaba a Justiniano y dejaba a los godos instalarse libremente al norte del río Po. Muchos generales en el pasado habían saltado a ofertas como esta. El astuto general parecía estar de acuerdo. Llevó a sus hombres a la ciudad, pero en un sorprendente giro, anunció que la reclamaba para Justiniano. Belisario encadenó al rey ostrogodo y lo llevó a él y a su esposa de vuelta a Constantinopla en desgracia. Aun así, los godos lucharon por mantener Italia, y no fue hasta el año 554 que Narsés tuvo la península firmemente bajo control imperial. Esto supuso un enorme coste, incluyendo la imposición de pesados e impopulares impuestos, y se mantuvo con una guarnición de dieciséis mil soldados. Con el tiempo, esto resultaría insostenible. Pero antes de eso, Justiniano se aseguró una gran franja de tierra en el sureste de España en una campaña sencilla y relativamente barata en 552.

Aunque Italia volvería a manos de los godos tras la muerte de Justiniano, estas campañas militares dieron al emperador el control del Mediterráneo, impidieron que los vándalos volvieran a tomar el norte de África y aumentaron los ingresos fiscales de Constantinopla. Por otro lado, puso a prueba los recursos financieros de Justiniano. Tuvo la suerte de contar con dos generales excepcionales durante estas guerras, pero no comprendió que Occidente se había alejado irremediablemente de cualquier reencuentro con el Imperio de Oriente; el futuro era una división permanente.

Uno de sus esfuerzos ha resistido la prueba del tiempo. Justiniano construyó Santa Sofía. Este enorme edificio con cúpula, que se eleva magníficamente sobre el casco antiguo de Constantinopla, sustituyó a las iglesias situadas en el mismo lugar que habían sido destruidas por las turbas amotinadas en 404 y de nuevo en 532. Justiniano contrató a Antemio de Tralles e Isidoro de Mileto para que diseñaran y construyeran un sustituto. En solo cinco años, produjeron el mayor espacio cubierto del mundo, bajo una cúpula de 32 metros (107 pies) de diámetro, asentada sobre cuatro pechinas triangulares esféricas muy novedosas. Se inauguró en el año 537 y, durante los siguientes novecientos años, fue la mayor catedral de la Tierra. Las iglesias ortodoxas de todo el mundo comenzaron a adaptar su diseño. Los cruzados occidentales la saquearon a principios del siglo XII y la convirtieron brevemente en una catedral católica romana. Se convirtió en una mezquita cuando los árabes musulmanes tomaron Constantinopla, en un museo en los últimos años de la vida de Ataturk, y más recientemente volvió a ser considerada mezquita por sus sucesores. Nada de esto, por supuesto, desmerece el maravilloso logro de Justiniano. Para un ejemplo excepcional de arquitectura bizantina, no hay que buscar más.

Justiniano murió en 565. Sus sucesores tuvieron que enfrentarse a una Persia agresiva, cuyos ejércitos acabaron invadiendo los territorios del imperio en Siria, Palestina y Egipto. Tras dieciocho años de lucha, el emperador Flavio Heraclio Augusto (r. 610-641) consiguió recuperar esas tierras. Pero fue tiempo y energía perdidos. Los musulmanes árabes empezaron a salir de Arabia a principios de la década de 630 y, en pocos años, se tragaron las ganancias de Heraclio y se apoderaron del propio Imperio persa.

El Imperio romano ahora se extendía solo hasta las fronteras de Asia Menor. Constantinopla quedó aislada de la rica diversidad étnica del imperio anterior. La gente hablaba griego, adoptó la cultura griega y siguió la versión griega del cristianismo. En algún momento del siglo VII, el Imperio de Oriente se convirtió en bizantino, el nombre utilizado siglos antes para la cultura griega de la región.

Por estas razones, se puede argumentar a favor de detener la historia del Imperio romano en este punto. Lo aceptaremos, aunque técnicamente el imperio sobrevivió hasta que los ejércitos turcos musulmanes otomanos tomaron Constantinopla en 1453, una fecha que todo el mundo está de acuerdo en que marca el final de unos notables dos mil años.

Capítulo 11 - El pueblo de Roma

Roma estaba llena de gente. En el año 140 a. C., un asombroso millón de personas se apiñaban en cuarenta kilómetros cuadrados (solo dieciséis millas cuadradas), un área solo un poco mayor que el aeropuerto de Heathrow en Londres o el LAX en Los Ángeles.

Los súper ricos vivían en villas suntuosas y espaciosas, tan cerca como podían permitirse de los senadores y emperadores que gobernaban el imperio. Los romanos de a pie se conformaban con estrechas habitaciones en edificios de varias plantas, separadas por callejuelas estrechas, sinuosas y no planificadas, que podían tener solo dos metros de ancho.

Sin embargo, Roma era una ciudad vibrante y diversa, y sus habitantes disfrutaban de magníficos templos públicos y grandes edificios gubernamentales. Los inmigrantes siempre llegaban allí en busca de comida, agua potable y promesas de trabajo. Este bullicioso centro urbano era un imán en el centro del imperio.

Al salir de la puerta de su casa, es probable que la primera persona que uno se cruce sea un esclavo. En realidad, no se les consideraba personas, sino objetos, como buenos pares de zapatos. Habían sido arrastrados a Roma como prisioneros de guerra y vendidos en los mercados públicos a pequeños empresarios o a ricos patricios. Los esclavos estaban en lo más bajo de la escala social, pero eran vitales para el funcionamiento de Roma. En ocasiones, los esclavos constituían el 30% de la población de la ciudad.

Los esclavos no tenían derechos, pero, sorprendentemente, podían comprar su libertad, lo que hizo el famoso César Isidoro, que al parecer llegó a poseer unos cuatro mil de sus propios esclavos. Pero esto era poco frecuente. De forma más realista, la manumisión era una motivación para que un esclavo obedeciera y trabajara duro, y en todo el imperio, decenas de miles de esclavos trabajaron, murieron y fueron olvidados en las ciudades y granjas de los ciudadanos romanos.

Los romanos justificaban esta esclavitud con su religión. Rezaban y sacrificaban a un gran grupo de dioses y héroes divinos de corte griego que eran descritos en cuentos fantásticos. A partir de estas historias, el romano entendía la desigualdad y la libertad y, por tanto, la esclavitud.

El principal dios romano era Júpiter, al que se adoraba y consultaba en el templo principal de Roma. Pero en las calles de la ciudad había cientos de pequeños templos, que albergaban estatuas y a veces supuestas reliquias de los dioses. Los adoradores no se reunían en el interior de estos edificios, sino que ofrecían oraciones y sacrificios en la calle. Para un romano, esos rápidos rituales callejeros eran mucho más importantes que cualquier fervor personal.

Sin embargo, se podía encontrar devoción si se buscaba. Por ejemplo, se seleccionaban regularmente niñas de seis años de familias ricas para que se convirtieran en asistentes a tiempo completo de la diosa Vesta. Estas vírgenes vestales servían en su templo hasta que cumplían los treinta años y volvían a la vida normal. Durante ese tiempo, debían mantener el fuego sagrado encendido y mantener una estricta castidad. Si fallaban, eran azotadas o ejecutadas. Sin embargo, tenían una gran importancia y estatus en Roma, y se les daban asientos en primera fila en las arenas cuando los gladiadores se mataban entre sí. Las demás mujeres tenían que sentarse en las filas traseras, segregadas y distantes, de los sangrientos estadios.

Vesta y los demás dioses eran consultados con frecuencia. En los cumpleaños, las bodas, los festivales y las reuniones importantes, se llamaba a los augures para que examinaran las señales naturales, como el vuelo de un pájaro o las entrañas de un animal, y dedujeran el mensaje de un dios. Ninguna legión salía de Roma sin la aprobación de los dioses.

Los fantasmas y los espíritus malignos circulaban por las calles de Roma, y se decía que la mejor defensa de una familia contra ellos era un perro. Así que los romanos tenían perros. Algunos eran grandes y rápidos, como el Vertragus, el ancestro del actual galgo italiano, pero también eran populares los perros falderos, pequeños y carísimos. Los perros daban calor a sus dueños en las noches de invierno. También podían participar en peleas de perros organizadas o ser sacrificados a un dios como último acto de piedad. La mayoría de ellos llevaban collares, a menudo con tachuelas o púas, y tal vez dorados.

Los emperadores y los políticos gastaban dinero en los barrios de Roma, con un ojo puesto en los beneficios políticos. Como resultado, las casas tenían acceso a varios grados de agua, que se llevaba a la ciudad en aquellos acueductos aún famosos. Las brigadas de bomberos combatían los incendios, aunque con poca presión de agua. La ciudad también mantenía letrinas públicas. Los pequeños desagües cubiertos arrastraban enormes cantidades de residuos domésticos y aguas residuales a una red de grandes tuberías que desembocaban en alcantarillas aún más grandes que acababan desembocando en el río Tíber, aunque esto no impedía que los residentes arrojaran desechos repugnantes a las vías desde los pisos superiores. Las tiendas de barrio complementaban los mercados de la gran ciudad, vendiendo carne, mariscos y verduras.

En Roma, los empleados solían trabajar una jornada de seis horas, comenzando temprano y tomando la comida principal por la tarde. Los ricos comían manjares importados y mucha carne, pero la carne era cara, y las masas de Roma tenían que conformarse con pan, cereales, verduras y aceite de oliva. Ni siquiera el vino se encontraba en las mesas más pobres; a menudo, la gente se limitaba a beber agua. Pero todo el mundo podía acudir a la arena por la tarde para ver la lucha de los gladiadores o las carreras de cuadrigas a toda velocidad, ya que los espectáculos estaban muy subvencionados por políticos ambiciosos (estas luchas se detallan más en el siguiente capítulo).

Por lo demás, los romanos eran gente práctica. Por ejemplo, el matrimonio: una boda podía ser fastuosa y muy pública o un tranquilo asunto familiar. Junio era un mes popular, pero siempre se consultaba a un augur sobre la fecha y la compatibilidad de la pareja. El Estado no tenía nada que ver con esto. Una pareja se casaba o se divorciaba si lo decía.

En el día feliz, la novia vestía de amarillo. Según la ley, debía tener más de doce años. Un sacerdote solía estar presente, pero podía no oficiar. La familia de la chica entregaba una dote y se firmaba un contrato antes de que el anillo pudiera deslizarse en el tercer dedo de la mano izquierda (como hacemos hoy). Luego, la pareja se dirigía a la casa del novio, donde probablemente vivirían de forma permanente.

Los niños eran extremadamente vulnerables a las enfermedades, la mala alimentación y la higiene inadecuada. Se dice que hasta el 30% de los recién nacidos de Roma morían antes de cumplir el primer año, y el 20% de todos los niños morían antes de cumplir los cinco años. Se esperaba que las madres romanas aceptaran esto sin mostrar dolor. Esto puede tener que ver con el estatus de la mujer; en Roma, tenían derechos de propiedad, pero muy poco poder. Una mujer ni siquiera tenía un nombre único, sino que se la llamaba "la hija de tal o cual tribu". Así, por ejemplo, las dos hijas de Marco Antonio tenían el mismo nombre, Antonia.

Los hombres tenían la mayor parte del poder en el Imperio romano, incluso cuando se trataba de sexo. Se suponía que la mujer debía ser casta y leal a su marido, mientras que las relaciones sexuales de este eran moderadas hasta cierto punto por la vergüenza y por los funcionarios, que ocasionalmente destituían a los hombres de sus cargos públicos por su alucinante mala conducta sexual. Los burdeles también eran comunes y se utilizaban abiertamente. Un hombre podía ser gay o poseer adolescentes sin inmutarse hasta el siglo III, cuando el sexo entre varones empezó a ser ilegal. En general, un hombre podía mantener relaciones sexuales consentidas con cualquier persona de rango social inferior al suyo sin censura.

Las paredes y los libros de Roma estaban llenos de pornografía, descripciones de sexo, encantos mágicos y pociones para mejorarlo. Sin embargo, la desnudez masculina no era habitual, y un taparrabos o una falda preservaban el pudor de un hombre si tenía que quitarse la toga o la túnica en público.

Pero tanto los hombres como las mujeres disfrutaban del teatro, especialmente de la pantomima, y llenaban los cientos de teatros semicirculares, abiertos y con gradas, construidos por todo el imperio. En cualquier representación se encontraban músicos, muchos papeles hablados, lujosas escenografías de fondo y políticos ricos que aportaban patrocinios. Los actores populares se hicieron ricos y famosos.

Los baños públicos estaban igualmente extendidos por todo el imperio. Incluso las pequeñas ciudades y los remotos campamentos militares contaban con ellos. La propia Roma contaba con casi cuatrocientas termas en el año 410 d. C., cuando los visigodos saquearon la ciudad. Estas instalaciones eran mucho más que simples lugares en los que echarse agua encima y lavarse la suciedad y el sudor. Servían para reunirse y relajarse por la tarde y a primera hora de la noche, y eran gratuitas o baratas. Tras el placer de remojarse y lavarse con agua tibia (o caliente, si se quería), se podía ir a un gimnasio, ver a un médico, socializar con los amigos, hablar de negocios, nadar, comer o entretenerse.

Algunas termas eran enormes extravagancias arquitectónicas, con techos abovedados, magníficos mosaicos, altísimas columnas, amplios jardines e ingeniosos sistemas de calefacción. Las termas del emperador Diocleciano necesitaban veinte mil metros cúbicos de agua para funcionar. La casa de baños del emperador Caracalla tenía capacidad para ocho mil personas y contaba con una biblioteca, altas ventanas de cristal y una cascada.

Sin embargo, el agua de los baños se cambiaba con poca frecuencia. La suciedad y los restos de cosméticos que se pisaban al comenzar el baño se habían quedado después de que los clientes anteriores se hubieran "limpiado" en la misma agua. Por tanto, las casas de baños engendraban enfermedades. Las tenias y los piojos estaban por todas partes. Los médicos de la época se esforzaban por comprender el cuerpo humano y qué medicamentos y procedimientos podían curar a la gente. Los mejores médicos estaban en el ejército (por supuesto), y la cirugía era poco conocida y rara. Se desconocía la relación entre los gérmenes y las enfermedades, y las píldoras eran principalmente brebajes de hierbas.

Es posible que los romanos olieran mejor gracias al agua corriente, los sofisticados sistemas de alcantarillado y los baños. Sin embargo, su ciudad era un pozo negro, y eran tan insalubres como lo habían sido sus lejanos antepasados cuando Roma surgió de un grupo de aldeas de la Edad de Bronce tardía en el Tíber.

Pero, a pesar de ello, la gran ciudad era un lugar en el que los sueños se hacían realidad y las oraciones eran atendidas. Durante casi mil años, la gente llegó, alquiló habitaciones en los abarrotados barrios de la ciudad y reivindicó ruidosa y orgullosamente su condición de ciudadanos de Roma.

Capítulo 12 - Los gladiadores: Cuando el asesinato era un entretenimiento

Desde sus humildes comienzos, las luchas de gladiadores se convirtieron en una característica dominante del imperio. En su apogeo, las multitudes romanas acudían a unas cuatrocientas arenas de gladiadores en todo el imperio para ver a miles de hombres (y algunas mujeres) luchar en parejas, y quizás más de siete mil de ellos eran asesinados a la vista del público cada año.

Los criminales eran ejecutados de forma espantosa y los animales eran sacrificados sin miramientos. Se animaba a los esclavos de la parte más baja de la escala social a aceptar la muerte como una forma perversa de ganar honor. Los gladiadores voluntarios esperaban obtener riqueza y fama, mientras que las élites exhibían su riqueza con patrocinios o subvenciones absurdas y obscenas.

El registro más antiguo de un combate es más modesto. Décimo Junio Bruto hizo que tres parejas de hombres lucharan a muerte en el 264 a. C. como parte del funeral de su padre. A la gente le gustó. Otras élites ricas empezaron a patrocinar eventos de gladiadores en los funerales familiares, y solo ochenta años después, los hijos de

Publio Licinio hicieron luchar a sesenta parejas de gladiadores en honor de su padre.

Luego, Julio César llevó esto a un nivel completamente nuevo. Mezcló la piedad filial y el avance político al honrar la muerte de su padre (¡veinte años después de haber sido enterrado!) con 320 parejas de gladiadores luchando con armaduras de plata para que toda Roma lo viera. Todo era cuestión de autopromoción. Otros políticos ambiciosos vieron los beneficios y se involucraron.

El Estado también lo hizo. En un momento dado, los emperadores intentaron limitar el tamaño de los eventos de lucha privados, pero nadie les hizo caso. Así que el propio gobierno comenzó a organizar competiciones de gladiadores, a menudo junto a festivales religiosos. El emperador Trajano, por ejemplo, organizó alrededor de 10.000 gladiadores y 11.000 animales condenados en 123 días de celebraciones militares llenas de sangre. Los juegos de gladiadores acabaron impregnando la sociedad romana. Fueron muy populares durante unos trescientos años y resultaron difíciles de erradicar.

El imperio proporcionó algunos de los mejores escenarios para este entretenimiento. El primer emperador, Augusto, construyó uno en Roma, en parte de piedra. Se quemó en el año 64 d. C., pero Vespasiano comenzó a construir un nuevo estadio de piedra, que fue terminado por Tito en el año 80. Este fue el *Amphitheatrum Flavium* (Anfiteatro Flavio), el enorme recinto con capacidad para cincuenta mil personas y que hoy llamamos Coliseo.

Los combates en esta y otras arenas no eran simples combates de fuerza bruta. El público pagaba por ver a luchadores profesionales y equilibrados que luchaban al borde de la muerte. Había árbitros con largos bastones, reglas de combate y muchos propietarios. Un gladiador era la costosa propiedad de un sindicato, de individuos ricos o de unidades del ejército. Para ellos, los combates eran inversiones.

Los gladiadores se preparaban metódicamente en escuelas especiales. Roma tenía cuatro, y la más grande albergaba a dos mil gladiadores. Los hombres eran alimentados con una dieta vegetariana de alta energía, se les exigía entrenar durante horas cada día con armas romas o de madera, y se les castigaba duramente por los fallos hasta que perfeccionaban todas las clásicas estocadas militares con espada y lanza. Era una vida dura y, para muchos, debía acabar en la muerte a los pocos minutos de entrar en la arena.

Sorprendentemente, algunos combatientes eran mujeres a las que se poseía y entrenaba como a los hombres. Desde mediados del siglo I de nuestra era, se las promocionaba (tal vez de forma salaz) como algo exótico y emocionante.

Y lo que es más sorprendente, algunos emperadores lucharon. El hombre más poderoso de todo el imperio se convirtió en un esclavo-gladiador totalmente despreciado. Calígula, Tito, Adriano, Cómodo y otros lo hicieron. Claudio arponeó a un pez gigante encarcelado en un puerto fuera de la arena de gladiadores. Por supuesto, los combates estaban amañados y el gobernante ganaba, pero para los espectadores debía ser una montaña rusa extrema, excitante y emocional.

En los primeros tiempos de los juegos de gladiadores, los organizadores emparejaban el mismo tipo de luchadores. Más tarde, se enfrentaron tipos de luchadores desiguales pero complementarios. Así, un hombre ligeramente vestido con su tridente se enfrentaba a un soldado de choque con una armadura masiva, una espada pesada y un escudo.

Para el ganador, había una rama de palma y un premio en metálico. Si un patrocinador con interés en la publicidad le lanzaba un regalo sustancial, también pertenecía al luchador. Cuando un condenado ganaba su combate, podía recibir su libertad y, con ella, una simbólica espada de madera. Pero ganador o perdedor, el gladiador era siempre una escoria. Incluso si ganaba su libertad, no podía dejar testamento, y la sociedad decente siempre asociaba a los luchadores con las castas más bajas.

Sus combates eran promocionados por hábiles equipos de marketing. Había mercancía de gladiadores con nombres e imágenes en joyas, cerámica, cristalería y plata. En las vallas publicitarias aparecían los nombres de los luchadores y, para los apostadores del público, el historial de cada uno. El público era atraído por anuncios que ofrecían premios, zonas de sombra, música y comida; era un gran día, y los revendedores de entradas eran tan activos entonces como ahora. La noche anterior al evento, el gladiador celebraba un banquete y tal vez atendía algún negocio o cabo familiar suelto.

El día mismo, con los hombres y las vírgenes vestales ocupando todos los asientos delanteros y otras mujeres relegadas a las lejanas gradas superiores, el juego comenzaba con la caza de animales o con hombres enfrentados a animales. A continuación, los criminales eran ejecutados públicamente, a menudo como actores condenados en una representación de una leyenda griega. Algunos eventos incluían actos cómicos. Los gladiadores también podían calentar en la arena con armas de madera.

A continuación se producía la matanza profesional, en combates que duraban entre diez y veinte minutos. Un gladiador luchaba quizás dos o tres veces al año. La mayoría solo sobrevivía unas diez apariciones, y su edad media rondaba los veinte años. En Sicilia, la lápida de la tumba de un gladiador registra su paso por la arena: "Flamma, secutor, vivió 30 años, luchó 34 veces, ganó 21 veces, empató nueve veces, fue derrotado cuatro veces, sirio de nacionalidad. Delicatus hizo esto para su merecido compañero de armas".

No todos tenían tanto éxito como Flamma. Si un gladiador se negaba repentinamente a luchar, era azotado, marcado o incitado a la acción. Y en la mayoría de los combates había un perdedor cuya vida dependía de lo que decidiera el árbitro. El rugido de la multitud con los pulgares hacia abajo influía en el árbitro, pero no siempre dictaba la muerte de un gladiador caído. De hecho, con el paso del tiempo, los combates a muerte se hicieron menos frecuentes. Algunos gladiadores hicieron carrera al no matar nunca a sus oponentes.

Sin embargo, si tenía que morir, un gladiador derrotado debía aceptar tranquilamente una muerte rápida de un golpe de espada en el cuello. Esta era una pena adecuada para una muerte innoble a los ojos de los romanos y podía ser un ejemplo para los que miraban. Algunos quizás incluso lo vieron como algo redentor. Se trataba de un hombre obediente a su dueño, que aceptaba su destino, digno, que estaba por encima de su propia humanidad y que vencía a la muerte enfrentándose a ella. Los gladiadores que morían de esta manera eran llevados con honores a la morgue de la arena, donde se les cortaba el cuello para asegurarse de que realmente habían muerto.

Sin embargo, un gladiador que moría innoblemente era avergonzado. Se le daba una muerte lenta en la arena, se le arrastraba como a un animal muerto, se le aplastaba la cabeza con un mazo y probablemente se le arrojaba a un río, condenado a una eternidad de vagabundeo. Hay cráneos aplastados en algunos restos óseos de los cementerios de gladiadores.

Los juegos de gladiadores se fueron marchitando poco a poco a medida que el mensaje de valor y amor humano predicado por Jesús en Palestina era adoptado en Roma y Constantinopla. Tertuliano, en el siglo III de nuestra era, condenó la matanza como un asesinato, un sacrificio pagano y una lacra moral. El gran Agustín escribió contra ellas. El emperador Constantino prohibió obligar a los criminales a luchar hasta la muerte como gladiadores. Y aunque las luchas perduraron y fueron populares para algunos, el último gladiador acabó colgando la espada y buscando un trabajo más respetable en las legiones.

Capítulo 13 - Carreteras: Legiones en movimiento y cartas imperiales

La información y la comunicación son esenciales para cualquier imperio. Para ello, Roma dependía de sus carreteras.

Se crearon departamentos gubernamentales enteros para construir y mantener las 372 carreteras principales que daban servicio a Roma en su apogeo. Los emperadores, los ejércitos, los mensajes y los mercaderes circulaban a lo largo de unos 400.000 kilómetros (es decir, un cuarto de millón de millas) de carreteras lisas, resistentes a la intemperie y, a menudo, rectas como un láser, desde la cima de Gran Bretaña, a través de Europa, por los desiertos del norte de África y hasta los bordes orientales de Siria. Un 20% de estas carreteras estaban pavimentadas con piedras. Estas carreteras son un logro majestuoso.

Los ingenieros que construían una carretera romana eran meticulosos. Por ejemplo, había un ancho estándar para una carretera. Originalmente, el ancho de los tramos rectos era de ocho pies romanos (lo que se aproximaría a nuestro "pie" moderno de doce pulgadas, o treinta centímetros) y las esquinas de dieciséis pies.

Más tarde, los ocho pies se convirtieron en doce, lo suficientemente anchos como para que pasaran dos carros y quedara espacio para los peatones. Dicho esto, el ancho variaba cuando los 12 pies (o 3,5 metros) eran poco prácticos o impopulares.

Las carreteras eran siempre una prioridad en el imperio. El propio ejército se encargaba de construir las largas carreteras interurbanas, que el imperio pagaba. A las ciudades se les ordenaba la construcción de carreteras locales. En todas ellas se cobraba peaje, quizá en los puentes, pero sin duda en las puertas de las ciudades. El primer emperador, Augusto, impulsó cambios en la administración del programa de construcción de carreteras del imperio. Lo puso bajo la dirección de su propia oficina y exigió una mayor eficiencia a sus funcionarios.

Las carreteras romanas eran rectas allí donde podían serlo. Para trazar una línea recta, el ingeniero utilizaba un conjunto de cuatro plomadas que colgaban de un marco especial. Alineaba dos de las plomadas con una marca en el camino detrás de él. A continuación, miraba hacia delante a lo largo de las otras dos plomadas y ponía una marca por delante donde debía discurrir el siguiente tramo de su carretera. Si había una colina o un río en el camino, tenía que negociar con el terreno. Los primeros ingenieros eran reacios a doblar sus carreteras, por lo que a menudo perforaban túneles a través de las montañas o hacían subir las carreteras por pendientes casi imposibles del 20% para seguir avanzando en línea recta. Pero los mercaderes que viajaban y los carros agrícolas necesitaban menos pendientes, por lo que, con el tiempo, los ingenieros curvaron sus carreteras si eso evitaba lo peor de las colinas.

Un tramo de la carretera romana comenzó como una zanja. Los hombres cavaban hasta 1,5 metros de profundidad hasta llegar a la tierra firme, y luego la rellenaban sistemáticamente con capas de escombros, rocas, piedras pequeñas y quizás arena. Cuando la zanja estaba casi llena, se colocaba grava y se golpeaba muy firmemente hasta formar una superficie plana y dura llamada "pavimento". En el

80% de las carreteras romanas no había nada más que hacer. Pero en los casos en los que la carretera debía estar cubierta de piedra, los ingenieros daban un paso más. Esparcían hormigón grueso sobre el "pavimento", luego una capa de hormigón más fino y sobre esta colocaban adoquines planos. La superficie de la carretera terminada era abombada y notablemente lisa.

Los carruajes del emperador y sus carros de correos podían correr por una carretera así a velocidades impresionantes. Los vehículos tirados por caballos solían recorrer cuarenta kilómetros (es decir, veinticinco millas) en un día. Los carteros en relevos de caballos podían entregar el correo el doble de esa distancia en ese tiempo.

Estas distancias eran conocidas. Desde los primeros tiempos, cuando las únicas carreteras estaban en Italia, las millas se marcaban con precisión con sólidas columnas de dos toneladas hundidas dos pies en el suelo y que se elevaban cinco pies por encima de él. Estaban separadas por mil pasos romanos. Un paso estaba estandarizado a cinco pies romanos, por lo que mil pasos serían cinco mil pies romanos. Dado que su pie era ligeramente más corto que el pie moderno, sus 5.000 pies son solo 4.841 de nuestros pies, pero sigue siendo lo suficientemente cercano para que hoy utilicemos su palabra para esta medida de 1.000 pasos. La *mila passuum* es ahora nuestra "milla".

Además, todos los caminos partían de un elaborado marcador establecido por Augusto cerca del Templo de Saturno en la propia Roma. En él estaban grabadas las principales ciudades del imperio, junto con las distancias a ellas. Cuando el centro del imperio se desplazó hacia el este, Constantino estableció un marcador similar en Constantinopla.

Los caminos tenían nombres. Muchas llevaban el nombre de una ciudad, pero los funcionarios que las construían también podían darles su nombre. La primera carretera, la Vía Apia, que salía de Roma hacia el sur, llevaba el nombre de Apio Claudio Caecus, que construyó el primer tramo como carretera militar en el año 312 a. C.

Un viajero podía adentrarse en esta o cualquier carretera con la ayuda de detallados "mapas" regionales. Estas guías utilizaban líneas paralelas trazadas a grandes rasgos para representar los caminos y luego símbolos para marcar las ciudades, los ríos, las distancias y los hoteles en esas líneas. Se elaboraban a partir de un registro central de caminos enormemente detallado, que los emperadores actualizaban de vez en cuando. Julio César elaboró el primer registro con la ayuda de tres geógrafos griegos que trabajaron en él durante veinticinco años. Los cartógrafos comerciales copiaron partes de esta enorme colección de datos y las vendieron en los mercados locales.

Nuestro viajero podía partir con la seguridad de que se alojaría en su camino. Si estaba en misión oficial, podía utilizar una de las villas reservadas para él cada veinticuatro a treinta y dos kilómetros (quince a veinte millas) a lo largo de la carretera principal. ¿No era un hombre del gobierno? No hay problema. Cerca de la mayoría de las villas, podía encontrar casas de descanso privadas con habitaciones de alquiler si no le importaba compartirlas con ladrones, prostitutas y las clases más bajas. Pero, ¿y si era un poco más refinado? En los primeros tiempos de las villas, las casas particulares estaban obligadas por ley a dar cobijo cuando se les exigía. Estas *tabernae* acabaron transformándose en algo mucho más parecido a nuestras tabernas modernas, que utilizan el mismo nombre. Para los conductores y los cuidadores de carruajes, se podía encontrar otro tipo de lugar de descanso a intervalos regulares, donde se podían arreglar las ruedas, arreglar los arreos de los caballos, que los animales fueran atendidos por veterinarios, etc.

Hoy en día, las carreteras se dan por supuestas. Sin embargo, para las personas que vivían a lo largo de las vías romanas, esta red probablemente inspiraba asombro y gratitud. Las legiones, rápidas y despiadadas, marchaban por ellas hasta los límites de los territorios aún no conquistados. Por ellas circulaban carros fuertemente custodiados que distribuían la riqueza del imperio. Y las nuevas ideas innovadoras del centro comercial y político del mundo civilizado llegaban a las puertas más lejanas.

Capítulo 14 - Roma urbana: La gestión de la mayor ciudad del mundo

Durante casi dos mil años, Roma fue la mayor ciudad del mundo. Con el tiempo, Londres se hizo más grande, pero eso no fue hasta el siglo XIX. En la época de los emperadores, vivían en Roma un millón de libertos, élites y esclavos. Es sorprendente que todos estuvieran alojados, organizados y alimentados.

Algunos vivían encima o detrás de sus tiendas, pero la mayoría vivía en estrechos apartamentos de varios pisos. Estos podían tener hasta ocho pisos, pero más del 85% de los apartamentos tenían la mitad de esa altura o menos. Y, al igual que hoy, el propietario de un piso podía no ser dueño del piso de arriba.

Los ingenieros a menudo hacían que los muros de carga de la planta baja fueran especialmente gruesos, y con frecuencia diseñaban la superficie de cada planta un poco más pequeña que la de la planta superior, como una tarta de boda escalonada. Cuando el lateral de un bloque de apartamentos subía en línea recta, los edificios podían estar cerca y la privacidad era mínima. Existen informes de residentes que se quejaban de que podían darse la mano a través de los estrechos carriles entre estos apartamentos. No había servicios en los pisos superiores, por lo que es probable que los alquileres allí arriba fueran más bajos y atrajeran a la gente más pobre. A menudo subían por escaleras exteriores. Algunos tejados de los apartamentos estaban construidos con el famoso hormigón de Roma, mientras que otros utilizaban viguetas de madera y presumiblemente un revestimiento superior más ligero.

Los romanos conocían las deliciosas ventajas de los patios. Un apartamento de una sola planta se construía alrededor de un patio privado. Pero en los mapas antiguos de Roma, muchos bloques de apartamentos de varios pisos se muestran construidos en grupos que encierran un patio público que los ocupantes compartían. Las casas de la élite tenían varios patios y salas de recepción. Se inspiraban en las grandes y suntuosas villas de los ricos terratenientes de la campiña, pero como Roma estaba construida sobre colinas, el terreno llano era escaso, y el tamaño medio de la vivienda de una familia importante en la ciudad era de entre 1.300 y 1.500 metros cuadrados, lo que limitaba los patios. En el siglo IV de nuestra era, unas 1.800 de estas residencias albergaban a la élite de Roma. Había veinticinco veces más apartamentos para la gente corriente y menos afortunada de la ciudad.

Los planificadores de Roma impusieron pocas restricciones de zonificación. La ciudad era un bullicioso laberinto de callejuelas, pequeñas fábricas y tiendas mezcladas con apartamentos, arcadas, tiendas, magníficas villas de la élite, bazares, escuelas y jardines.

Sin embargo, había orden. Ya en el año 378 a. C. había cuatro magistrados, cada uno de los cuales gestionaba una cuarta parte de las calles de la ciudad, el suministro de alimentos y el agua. En el año 8 a. C., Augusto inspeccionó la ciudad y al año siguiente la dividió en catorce regiones, probablemente en función de la población, ya que cada una tenía el mismo número de bomberos. De nuevo, se puso a un magistrado a cargo de cada región.

Al principio, eran completamente independientes. Se ocupaban de los numerosos barrios de su región eliminando las invasiones; juzgando las disputas; supervisando el agua, los alimentos, las reparaciones de las calles y las alcantarillas; investigando el fraude; manteniendo los pesos y las medidas; y velando por el culto al emperador.

Un funcionario supremo se encargaba de esta administración. Por lo general, dejaba que los magistrados se ocuparan de los asuntos cotidianos de los barrios como mejor les pareciera, pero en el siglo II, la ineficacia de este sistema llegó a un punto crítico. Este funcionario se convirtió entonces en supremo, y los catorce magistrados fueron sustituidos por supervisores que eran responsables ante él.

Los barrios estaban protegidos por espíritus. Se les respetaba y cuidaba en los altares de culto instalados en las encrucijadas, que solían ser el foco y el centro de cada barrio. Luego, cada invierno, los líderes de los barrios organizaban fiestas y juegos de culto locales muy populares. Por supuesto, estas celebraciones podían ser explotadas por los políticos y, por ello, los gobernantes a menudo intentaban ponerles freno. Se cree que esto fue, en parte, el motivo de la reforma de los barrios llevada a cabo por Augusto en el año 7 de la era cristiana. También intentó mezclar los festivales de culto de los barrios con el culto al emperador y donó una estatua del culto al emperador a cada barrio para que los magistrados la hicieran desfilar anualmente.

Con el tiempo, estas fiestas de culto y los juegos disminuyeron, pero también lo hizo la cohesión social de los barrios de Roma y el estado de las carreteras e infraestructuras de los barrios. Debido a esto, los políticos ambiciosos encontraron otras formas de conservar las regiones como sus bases de poder.

El río Tíber era otro foco de atención para los tumultuosos romanos. Eran extremadamente dependientes de él. Es el tercer río más largo de Italia, y protegía a Roma de los barcos de guerra y de los piratas, ya que permitía que la ciudad estuviera alejada de la costa, pero unida al mar. Era lo suficientemente grande como para recibir todas las aguas residuales y el alcantarillado que los romanos podían arrojar. (Y las redes de alcantarillado de Roma eran grandes. Solo una de ellas tenía 1.600 kilómetros de tuberías).

El Tíber también se inundaba. Había verdaderas inundaciones masivas cada veinte años aproximadamente, y en algunas de ellas, el río se desbordaba y arrastraba 2,5 kilómetros (1,5 millas) dentro de la ciudad hasta la Vía Apia. Los funcionarios hacían todo lo posible con frecuentes obras de protección, pero a menudo se incumplía. Había que propiciar el río. Así que, una vez al año, los sacerdotes y las vírgenes vestales iban en procesión hasta el agua y, con gran ceremonia, arrojaban al torrente la efigie de un hombre. Se sugiere que esto era un remanente de los sacrificios humanos reales realizados mucho antes.

Las embarcaciones deben haber surcado el río desde la Edad de Piedra. La desembocadura está a veinticinco kilómetros (quince millas), y hasta una embarcación grande podía navegar hasta Roma en los primeros tiempos. De hecho, en el año 167 a. C., tras una batalla en Macedonia, un enorme barco con ocho bancos de remeros (¡puede que incluso fueran dieciséis!) fue llevado como premio de guerra a los muelles del sur de la ciudad. Mucho más tarde, el emperador Calígula hizo flotar un enorme obelisco hasta Roma en una barcaza de 100 metros con un desplazamiento de 7.000 toneladas.

Pero el principal cargamento del río era cada año el grano procedente de Egipto. Medio millón de toneladas se transportaban en barcos oceánicos hasta el puerto de Roma y se introducían en una flotilla de barcos fluviales especiales de propiedad privada. El Tíber se movía constantemente con barcos, y en cualquier momento, algo así como un centenar de ellos serían estas embarcaciones de entrega de grano.

Mover embarcaciones pesadas río arriba era difícil, y había riesgos. Sin embargo, era desesperadamente importante, por lo que la ciudad concedía a los propietarios de barcos de grano incentivos fiscales. Sus embarcaciones medían dieciséis metros de largo con pequeñas velas que se utilizaban cuando era posible, pero la fuerza principal procedía de remeros o bueyes de carga que remolcaban desde un camino en la orilla del río. Los marineros eran en su mayoría libertos que estaban sindicados y trabajaban por un salario. Podemos imaginar cómo se sentían al amarrar en el muelle sur al final de un viaje. De nuevo en casa, en el gran y ajetreado centro del imperio.

Conclusión

Resulta sorprendente ver cómo las carreteras de Roma se extendían como tentáculos por gran parte del mundo conocido, los enormes acueductos que serpenteaban en sus ajetreadas ciudades y pueblos, los asombrosos templos, arenas y monumentos, la gloriosa y elevada Santa Sofía de Estambul y las suntuosas villas rurales de la afortunada y culta élite.

El poderío de los militares romanos nos hace reflexionar. Por un lado, los mejores políticos y generales del ejército romano idearon un sistema que, durante siglos, suministró un número creciente de soldados entrenados a los campos más distantes de un imperio en expansión. Hubo derrotas sensacionales, pero también victorias impresionantes. En las academias militares de hoy en día, los estudiantes todavía leen sobre las tácticas innovadoras ideadas por los comandantes romanos, que estaban informados con datos precisos y respaldados por un emperador competente. Sobre el terreno, una y otra vez, los no romanos experimentaron lo difícil que era resistir el poder bruto de miles de romanos que se movían en grupos disciplinados con una fuerza letal en sus manos.

Por historias casi increíbles de excesos, estos romanos nos sorprenden. ¿Quiere asesinato y pasión? No hay más que ver al emperador Nerón, que llegó al trono siendo un adolescente en el año

54 d. C. con la ayuda de su madre. Unos meses más tarde, un potencial rival, su hermanastro Británico, fue envenenado, al parecer por el nuevo gobernante. En ese momento, Nerón estaba casado con Octavia, pero tuvo una aventura con otra mujer, Popea, quien quedó embarazada. El emperador se divorció entonces de su esposa, la desterró a un lugar cercano a su lugar de nacimiento, Pompeya, y más tarde la hizo matar en el exilio cuando se hizo evidente que seguía siendo popular en Roma. Se casó con Popea, que murió en el 65, embarazada de su segundo hijo con Nerón, aparentemente a manos de este. Increíblemente, Nerón ordenó ahogar a su propia madre, Agripina, y cuando eso fracasó porque sabía nadar, la hizo ejecutar de una manera más convencional.

¿Prefiere algo más salaz? El nieto adoptivo del emperador Tiberio, Calígula, nos proporciona más que suficiente de esto. Era hijo de un soldado popular y se convirtió en emperador de joven solo porque los romanos insistieron en que el poder se transmitiera por la línea de sangre. Totalmente fuera de su alcance político, Calígula cayó en un libertinaje legendario y se dice que tenía regularmente incesto con sus hermanas en público, con su esposa mirando y otros obligados a participar. Todo son rumores, y hay más, pero se entiende la idea.

Luego está la extensión geográfica de los romanos. En su apogeo, era enorme. En el frío norte de las islas británicas, el emperador Adriano dejó una muralla que aún se mantiene en pie. Y a unos 6.400 kilómetros al este, en las arenas de Egipto, los emperadores y generales romanos dirigían el extremo oriental del imperio. En todo lo demás, alrededor de la cima de África y desde Europa occidental a lo largo del Rin y el Danubio hasta lo que hoy es Turquía, las legiones y colonias romanas imponían impuestos y exportaban la cultura italiana. Durante siglos, todos los caminos conducían a Roma.

Los intelectuales romanos produjeron obras que nos cuesta superar. ¿Cómo puede un pequeño grupo de senadores y comandantes militares mantener y dirigir un vasto imperio? Sus sistemas fiscales (de los que había varios) y su administración lo hacían exactamente así. El férreo control de la tradición y de los tribunales mantuvo a millones de esclavos cortando madera y acarreando agua hasta que cayeron muertos. Los filósofos, poetas y dramaturgos romanos siguen publicándose en decenas de idiomas. Una de las bases del derecho europeo sigue siendo una antigua colección de decisiones y comentarios jurídicos romanos codificados en los últimos días del imperio en lo que hoy es Turquía.

En resumen, los romanos nos dejan una inspiración. Durante dos mil años, se mantuvieron intactos gracias a un sentido de identidad cultural y de autoestima. Sumamente seguros de sí mismos, los romanos gobernaron su mundo durante más de un milenio, y no es posible olvidarlos.

Vea más libros escritos por Captivating History

HISTORIA DE ITALIA

UNA GUÍA FASCINANTE DE LA HISTORIA DE ITALIA, DESDE LOS PRIMEROS ASENTAMIENTOS, PASANDO POR LA EDAD MEDIA, HASTA LA ÉPOCA MODERNA

CAPTIVATING HISTORY

Recursos

The Cambridge Companion to Ancient Rome
Edited by Paul Erdkamp
Cambridge University Press, 2013.

Ancient Rome. A Military and Political History
Christopher Mackay
Cambridge University Press, 2004.

Europe: A History
Norman Davies
Pimlico, 1997.

www.ingramcontent.com/pod-product-compliance
Lightning Source LLC
LaVergne TN
LVHW011842060526
838200LV00054B/4137